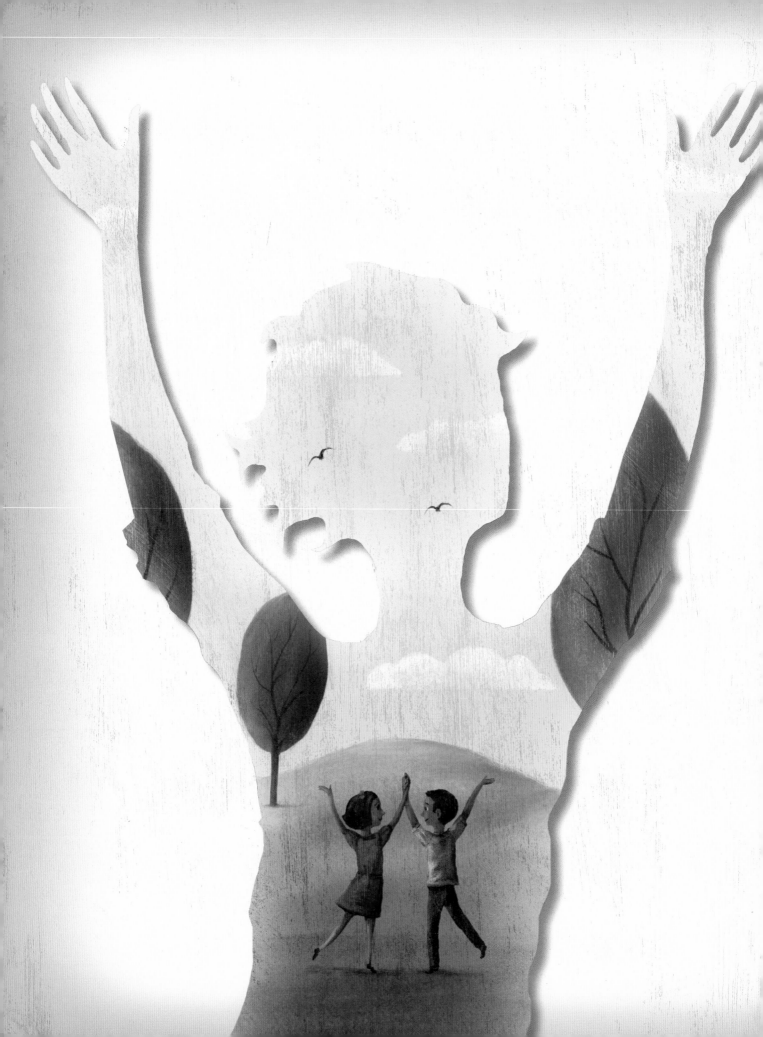

LIBRO DE HISTORIAS
CREER

Piensa, actúa, sé como Jesús

ESCRITO POR
RANDY FRAZEE
CON
LAURIE LAZZARO KNOWLTON
ILUSTRADO POR
STEVE ADAMS

Dedicado a Ava y Crew. Nana y BaBa le enseñaron esto a su mamá
y ahora nosotros se lo transmitimos a ustedes con amor.

—RF

A nuestro Cristo, que me dotó de talento; a mis padres Patrick
y Charlotte, que me alentaron; y a Barbara Herndon,
que me proporcionó la gran oportunidad de compartir la Palabra.

—LLK

En memoria de mi padre, Raynald, quien me inspiró
a través de esta gran jornada.

—SA

CREER - HISTORIAS DE LA BIBLIA
Edición en español publicada por
Editorial Vida – 2015
Miami, Florida

Derechos del texto © 2015 por Randy Frazee
Derechos de las historias de la Biblia © por Laurie Lazzaro Knowlton
Derechos de las ilustraciones © 2015 por Steve Adams

Este título también está disponible en formato electrónico.

Originally published in the USA under the title:
Believe Storybook
Text Copyright © 2015 by Randy Frazee
Bible stories copyright © 2015 by Laurie Lazzaro Knowlton
Illustrations copyright © 2015 by Steve Adams
Published by permission of Zondervan, Grand Rapids, Michigan 49530
All rights reserved. Further reproduction or distribution is prohibited.

Editora en Jefe: *Graciela Lelli*
Traducción: *Belmonte Traductores*
Adaptación del diseño al español: *Grupo Nivel Uno, Inc.*
Dirección del arte/diseño: *Cindy Davis*

ISBN: 978-0-8297-6644-8
CATEGORÍA: Religión / Educación Cristiana / Niños y Jóvenes

Printed in China
Impreso en China

15 16 17 18 19 /RRD/ 11 10 9 8 7 6 5 4 3 2 1

Contenido

ACTUAR

SER

Creer es diferente a cualquier otra Biblia para niños. La misma explora algunos de los temas más importantes de la Biblia, como el amor, la esperanza, el perdón y el propósito. En vez de empezar con Génesis y terminar con Apocalipsis, este innovador libro de historias comienza con la grandeza de Dios y finaliza con la humildad de Jesús. En el medio, los niños encontrarán todos sus personajes bíblicos favoritos y las historias de la Biblia que tanto les gustan.

A lo largo de las páginas de *Creer*, tú y tu hijo examinarán algunas de las preguntas más importantes de la vida como: ¿Quién es Dios? ¿Cómo me mantengo enfocado en Jesús? ¿Cómo manejo las dificultades y las pruebas de la vida? *Creer* se dispone después a encontrar las respuestas, con la intención de animar a tu hijo a *pensar, actuar* y *ser* como Jesús.

Siguiendo el mismo patrón del libro para adultos, los primeros diez capítulos de *Creer* delinean las *creencias* esenciales de la vida cristiana. En conjunto responden a la pregunta: «¿Qué creo?». Esta sección examina cómo podemos *pensar* como Jesús.

Los próximos diez capítulos tratan las *prácticas* esenciales de la vida cristiana. En conjunto, responden a la pregunta: «¿Qué debería hacer?». En otras palabras, ¿cómo podemos *actuar* como Jesús?

Los diez capítulos finales contienen las *virtudes* esenciales de la vida cristiana. En conjunto, responden a la pregunta: «¿Quién estoy llegando a ser?». El enfoque aquí está en cómo podemos *ser* como Jesús.

Cada uno de los treinta capítulos de *Creer* comienza haciendo *La pregunta clave* y luego se dispone a encontrar las respuestas en las Escrituras. Una historia del Antiguo Testamento y una del Nuevo Testamento van unidas en torno a un tema común, mientras que *El salto hasta Jesús* proporciona el puente entre los dos relatos. *Jesús, la respuesta* les ayuda a ti y a tu hijo a descubrir cómo respondería Jesús a esa pregunta clave.

Al pasar la página con tu hijo y leer la primera creencia esencial acerca de Dios mismo, recuerda que *Creer* es un verbo que indica acción. Dios está observándolos personalmente mientras ustedes se embarcan en este viaje. Él no quiere que sus hijos simplemente crean estas verdades en su mente; desea que crean en su Palabra con todo su corazón y hagan de ella el sistema operativo para sus vidas. Quiere transformar sus vidas para bien y por siempre. Él desea poner algo «extra» en una existencia «ordinaria» para que tú y tu familia puedan vivir una vida «extraordinaria» en Cristo si tan solo CREEN.

Esta es nuestra oración por tu hijo:

Padre, tú conoces del todo al niño que tiene este libro en sus manos. Tú lo conoces por su nombre. Tú lo amas profundamente, siempre lo has hecho y siempre lo harás. Ahora que él se embarca en este viaje increíble, mientras ve los dibujos y oye tu Palabra, dale la fe para creer tus verdades con todo su corazón. Lleva a cabo una obra en su interior. Permite que la buena obra llegue hasta su boca, oídos, manos y pies para impactarlo mientras crece e influencia de manera positiva a las personas que pondrás a su alrededor. Al terminar de leer la última página, que te susurre y luego le diga a gritos al mundo: ¡CREO!

PENSAR COMO JESÚS

CAPÍTULO 1

Dios

PENSAR

La pregunta clave: ¿Quién es Dios?

¡Vaya! ¡Qué gran pregunta! Cuando cierras tus ojos, ¿qué imagen de Dios ves? ¿Quién crees *tú* que es Dios?

¿Crees que Dios es un papá fuerte y grande que cuida de ti? ¡Así es!

¿Crees que Dios es Jesús, que te ama más que nadie en el mundo entero? ¡Así es!

¿O crees que Dios es invisible, como el viento, susurrándole a tu corazón? ¡Así es!

> Él es un papá (Dios Padre)
>
> Es Jesús (Dios Hijo)
>
> Y es un viento invisible (Dios Espíritu Santo).

No hay nadie como nuestro gran Dios. Conozcamos más acerca de Dios comenzando desde el principio...

La maravillosa creación de Dios

Génesis 1—2

En el comienzo de los tiempos, Dios decidió crear el mundo. El primer día de la creación, Dios separó la luz de la oscuridad. «La luz se llamará "día", y la oscuridad se llamará "noche"», dijo Dios.

El segundo día, Dios dijo: «Hay que dividir las aguas». Así que separó el cielo poniéndolo por encima del mundo que quedó debajo.

El tercer día, Dios vio la tierra cubierta de agua. «La tierra necesita un terreno seco», dijo él. Entonces empujó las aguas a fin de que apareciese tierra seca. Y dijo Dios: «Que haya plantas y grandes árboles». Y crecieron hermosos jardines y llenaron el mundo de color.

«Necesitamos una fuente de luz para el día y la noche», dijo Dios. Así que enrolló una bola de colores cálidos y formó el sol. Dios dibujó el cielo nocturno con estrellas resplandecientes y una brillante luna. Este fue el hermoso cuarto día.

El quinto día, Dios salpicó los mares de peces nadadores de colores. La suave brisa llenó los cantos de las aves al volar. A Dios le encantaba su creación.

El sexto día, Dios dijo: «Que todo tipo de animales llenen la tierra». Así que creó leones, jirafas, elefantes y ranas. Los conejos saltaban, los gatitos maullaban y los perros ladraban: ¡guau-guau!

«Todavía falta algo», dijo Dios. De la tierra, formó a un hombre y luego a una mujer. «Les doy todo lo que ven», les dijo. «Cuiden de mi creación. Sean buenos entre ustedes. Llenen su hogar de hijos y felicidad». Dios vio la puesta de sol del sexto día.

Cuando el sol salió en la mañana del séptimo día, Dios declaró: «¡Hoy es un día de descanso!». Y sonrió por todo lo que había creado.

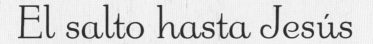

El salto hasta Jesús

Todo comienza con Dios. Él creó todas las cosas, desde lo más grande hasta lo más pequeño, desde el montículo del hormiguero hasta la montaña más alta, desde la abeja hasta el búfalo, desde los padres hasta los más pequeños... ¡cómo tú! Ahora bien, ¿no crees que todo el mundo debería querer a un Dios tan maravilloso, confiar en él y obedecerlo? ¡Pero la Biblia nos dice que el pueblo de Dios no hizo eso!

Ellos se olvidaron de él y le desobedecieron, por eso Dios envió a Jesús, su precioso y único Hijo, para que pudiera recordarle a su pueblo que volvieran a escoger a Dios. Y cuando Jesús vino, ayudó a responder la pregunta acerca de quién es Dios en verdad. Cuando leas la historia sobre el momento en que Jesús fue bautizado, intenta identificar a las tres personas de Dios: el Padre, el Hijo y el Espíritu Santo.

El bautismo de Jesús

Lucas 3

Jesús tenía un primo llamado Juan que vivía en el desierto. Juan se vestía con pieles de animales. Cuando tenía hambre, comía langostas y miel. Dios tenía un trabajo especial para Juan. Dios dijo: «Serás mi mensajero. Dile a la gente que se prepare porque Dios viene a la tierra».

Así que Juan le predicaba con intensidad a la gente. Decía: «¡Necesitan arrepentirse de sus pecados! ¡Comiencen a obedecer las leyes de Dios!».

Muchas personas venían de las ciudades y aldeas para oír hablar a Juan acerca del Mesías, el Salvador que vendría. La gente sabía que Juan hablaba la verdad. Decían: «Sentimos mucho haber pecado».

Después Juan bautizaba a la gente en el río Jordán. Él explicaba: «Yo los he bautizado con agua. Él los bautizará con el Espíritu Santo».

Las personas celebraban ser limpiadas de sus pecados. Ahora eran miembros de la familia de Dios.

Un día, Jesús acudió a Juan en el río Jordán. Juan no se sentía digno de bautizar a Jesús. «Soy yo el que necesito que tú me bautices. ¿Por qué vienes a mí?». Juan dijo esto porque Jesús nunca había pecado.

Jesús le explicó: «Esto es lo que Dios quiere que hagamos».

Como las demás personas, Jesús entró en el agua y Juan lo bautizó. Entonces, una gran luz resplandeció desde el cielo. El Espíritu Santo descendió sobre Jesús como una paloma. Una voz del cielo dijo: «Este es mi querido Hijo, con quien estoy complacido».

JESÚS,
LA RESPUESTA

¿Has podido identificar a las tres personas de Dios en esta historia? Dios Padre habló desde el cielo. Jesús el Hijo fue bautizado, y el Espíritu Santo descendió como una paloma.

Así como las tres personas de Dios estaban allí cuando Jesús fue bautizado, están con nosotros también cada día. El Espíritu Santo nos ayuda a ver quién es Dios en realidad. Dios Padre es nuestro creador, el Dios verdadero y poderoso, que desea que lo elijamos por encima de todo lo demás. Y Jesús vino para enseñarnos cómo hacer eso.

¿Crees en el único Dios verdadero? Si crees esto, estás escogiendo la vida más maravillosa de todas, porque le perteneces a él.

¡Cree!

IDEA CLAVE

Creo que el Dios de la Biblia es el único Dios verdadero: Padre, Hijo y Espíritu Santo.

VERSÍCULO CLAVE

Que la gracia del Señor Jesucristo, el amor de Dios y la comunión del Espíritu Santo sean con todos ustedes.

2 Corintios 13.14

CAPÍTULO 2

Dios personal

PENSAR

La pregunta clave: ¿Se interesa Dios por mí?

Por supuesto que nuestro único y verdadero Dios poderoso se interesa por ti. Sin embargo, ¿cómo puedes estar seguro de ello? Puedes saber que Dios se interesa por ti porque la Biblia así lo dice.

La Biblia está llena de historias verdaderas de personas verdaderas como tú y yo —chicos y chicas, mamás y papás, abuelas y abuelos— que conocieron a Dios y hablaron con él, descubriendo lo mucho que se interesaba por ellos. Y una de esas personas era un pequeño pastor llamado David...

El Señor es mi pastor

Salmos 23

David escribió muchos salmos para Dios. Los salmos son como poemas o canciones. David cantaba muchos de los salmos. En este en particular, está mostrando el amor de Dios y el cuidado que tiene de nosotros. David habla de Dios como un pastor y de sí mismo como una de sus amadas ovejas.

El Señor es mi pastor, nada me falta;

en verdes pastos me hace descansar.

Junto a tranquilas aguas me conduce;

me infunde nuevas fuerzas.

Me guía por sendas de justicia

por amor a su nombre.

Aun si voy por valles tenebrosos,

no temo peligro alguno

porque tú estás a mi lado;

tu vara de pastor

me reconforta.

Dispones ante mí un banquete
en presencia de mis enemigos.
Has ungido con perfume mi cabeza;
has llenado mi copa a rebosar.

La bondad y el amor me seguirán
todos los días de mi vida;
y en la casa del SEÑOR habitaré para siempre.

El salto hasta Jesús

Qué salmo tan hermoso escribió David. Sin embargo, la parte más bonita de todo es que Dios también es *tu* pastor, y *tú* eres una de sus ovejas. Así como Dios se interesaba por David, Dios también se interesa por ti. Puedes estar seguro de que Dios te guiará. Y lo mejor de todo, él nunca, jamás te dejará, ni siquiera en los momentos más difíciles. Nunca tienes que preocuparte.

Este es el mismo mensaje maravilloso que Jesús les enseñó a sus seguidores un día junto al mar de Galilea...

Nuevo Testamento

¿Por qué preocuparse?
Mateo 6.25-34

Un día, Jesús le habló a la gente y le dijo: «No se preocupen. ¡Dios quiere que sean felices!».

Jesús señaló a las aves que piaban a su alrededor. «Las aves del cielo no se preocupan por saber de dónde vendrá su siguiente comida. Dios cuida de ellas del mismo modo que cuidará de ustedes».

Jesús señaló a las flores. «Miren cómo Dios ha vestido a las flores del campo. Ni tan siquiera el rey Salomón se vistió tan bien como una de ellas. Dios ha provisto para las flores, y también se asegurará de que ustedes tengan lo que necesitan».

«¿Por qué no tienen más fe?», preguntó Jesús. «No se preocupen de lo que comerán, beberán o vestirán. Su Padre celestial sabe que necesitan estas cosas. En vez de eso», dijo Jesús, «empleen su tiempo y energía tratando de seguir los caminos de Dios. Amen a Dios y sigan sus mandamientos. De este modo él proveerá para todas sus necesidades».

Jesús terminó su sermón diciendo: «Así que no se preocupen por el mañana, pues este ya traerá sus propios males. No tienen que añadir más problemas a los que cada día trae».

JESÚS,
LA RESPUESTA

¡Vaya! ¡Qué mensaje tan maravilloso de Jesús! ¿No te hace sentir especial saber que Dios te ama tanto? ¿No te hace sonreír saber que Dios se interesa por ti más que nadie en el mundo? ¡Por lo tanto, ahora sabemos que la respuesta a nuestra gran pregunta es «sí»! ¡Dios se interesa por ti!

¡Cree!

IDEA CLAVE
Creo que Dios está involucrado en mi vida cotidiana y se interesa por ella.

VERSÍCULO CLAVE

Mi ayuda proviene del Señor, creador del cielo y de la tierra.

Salmos 121.2

CAPÍTULO 3

Salvación

PENSAR

La pregunta clave:
¿Cómo obtengo una relación con Dios?

¿Has oído acerca del jardín del Edén? Fue el primer jardín que Dios creó: un lugar hermoso y lleno de paz donde vivían Adán y Eva. Al principio, todo resultaba maravilloso. Dios era su Padre, y Adán y Eva eran sus hijos. Tenían una relación perfecta que debería haber durado para siempre, pero un día, algo salió mal...

Adán y Eva desobedecen a Dios

Génesis 2—3

Dios creó al primer hombre y la primera mujer en el sexto día. Adán y Eva lo hacían todo juntos. Y pasaban el tiempo caminando y hablando con Dios. Todos eran muy felices.

Sin embargo, Satanás, el enemigo de Dios, no podía soportar ver el mundo perfecto de Dios. «¡Tengo que hacer algo!», decidió Satanás. Así que se hizo pasar por una serpiente y se enroscó en una rama del árbol de la sabiduría. Satanás sacó su lengua partida para oler el fruto del hermoso árbol.

—¡Sencillamente delicioso! —siseó la serpiente.

Eva oyó a la serpiente y preguntó:

—¿Qué es lo que está delicioso?

—Este fruto —respondió la serpiente.

—Ese es el fruto del árbol de la sabiduría —dijo Eva—. Dios ha dicho que no podemos comer de ese árbol. Si lo hacemos, moriremos.

—¡No! No morirán —dijo la serpiente—. Dios tiene miedo de que consigan el conocimiento del bien y del mal. Si comen del fruto, serán como él.

Eva quería comer un poco del fruto, aunque Dios les había dicho a ella y Adán que no lo hicieran. Así que le dio un mordisco.

—Mmm —dijo ella.

Adán vio que Eva no murió cuando comió del fruto. Ella le ofreció un poco, y Adán probó un bocado. De repente, Adán y Eva se dieron cuenta de que estaban desnudos. Corrieron y se escondieron entre los arbustos.

Entonces Dios llamó a Adán y Eva. Ellos no respondieron, pero Dios sabía dónde estaban.

—¿Por qué se están escondiendo de mí? —preguntó.

—No queríamos que nos vieras desnudos —respondió Adán.

—¡Han comido del árbol prohibido! —dijo Dios—. Los amo a ambos, pero no pueden seguir viviendo en mi jardín.

Fue un día muy triste para todos.

El salto hasta Jesús

Cuando Adán y Eva pecaron, se vieron obligados a irse del jardín. Tuvieron que separarse de Dios. Parecía que la relación perfecta de Dios con sus hijos estaba destruida. Sin embargo, no fue así.

Dios tenía un plan maravilloso para restaurar esa relación otra vez. Le demostraría a su pueblo cómo sus pecados podían ser perdonados. Dios planeó enviar a su único Hijo, Jesús, a morir por nuestros pecados, a llevar sobre sí toda la culpa, para que pudiéramos volver a estar bien con él. Y eso es justamente lo que ocurrió. Jesús murió en la cruz, y tres días después algo sorprendente, maravilloso y bastante increíble ocurrió...

¡Él ha resucitado!
Lucas 24.1-12

María Magdalena, Juana y María, la madre de Santiago, fueron a la tumba donde habían dejado el cuerpo de Jesús después de la crucifixión. Cuando llegaron, vieron que la piedra que cubría la entrada de la tumba había sido removida. Miraron en su interior. Jesús no estaba. «¿Dónde está nuestro Señor?», dijeron.

De repente, se aparecieron dos ángeles. Las mujeres se abrazaron llenas de espanto.

Los ángeles dijeron: «¿Por qué buscan a Jesús entre los muertos aquí en esta tumba? Él no está aquí. ¡Ha resucitado de la muerte! ¿No recuerdan que ya lo había dicho?».

Las mujeres menearon sus cabezas.

La luz de los ángeles brillaba como el sol. «Jesús les dijo que el Hijo del hombre sería entregado en manos de pecadores. Ellos lo crucificarían, pero la muerte no vencería. Como anunciaron los profetas, Jesús ahora ha resucitado».

Las mujeres asintieron: «¡Sí! ¡Nos acordamos!».

Llenas de alegría por la buena noticia, las tres mujeres corrieron de vuelta al lugar donde estaban los discípulos. Entraron rápidamente en el aposento. «¡El Señor ha resucitado!».

«Ustedes han perdido el juicio por el dolor», dijeron los discípulos.

Sin embargo, Pedro les creyó a las mujeres y corrió a la tumba. Allí vio el sudario de Jesús tirado en el suelo. La tumba estaba vacía. Pedro regresó con los discípulos, impactado.

JESÚS, LA RESPUESTA

Jesús murió, pero no permaneció muerto. La muerte no lo venció. La vida ganó. Jesús ganó. ¡Dios ganó! Cuando Jesús regresó a la vida, el maravilloso plan de Dios funcionó. El pecado no pudo separarnos más de él y la relación de Dios con sus hijos fue restaurada. Jesús murió en nuestro lugar, perdonó nuestros pecados, y lo más maravilloso de todo, demostró que hay vida eterna: una vida que dura para siempre en el cielo.

Así que, ¿cómo obtienes una relación con Dios? Es sencillo. Dios ha hecho todo el trabajo. Tú solo tienes que pedir, clamar al Señor en oración. Serás salvo del pecado y la muerte, y tendrás vida eterna con Dios.

¡Cree!

IDEA CLAVE
Creo que una persona obtiene una buena relación con Dios
por la gracia divina mediante la fe en Jesucristo.

VERSÍCULO CLAVE
Porque por gracia ustedes han sido salvados mediante la fe.

Efesios 2.8

CAPÍTULO 4

La Biblia

PENSAR

La pregunta clave:
¿Cómo conozco a Dios y su plan para mi vida?

En la Biblia, Dios les hablaba a las personas todo el tiempo. Dios les habló a chicos y chicas, hombres y mujeres. A veces hablaba en voz alta, y otras veces su mensaje llegaba por medio de sueños. No obstante, él hablaba siempre, y su Palabra era poderosa. Y cuando las personas escuchaban, comenzaban a conocer a Dios y a entender su plan para sus vidas.

Un hombre que escuchaba a Dios era Moisés, el líder de la familia especial de Dios: los israelitas. Dios quería guiar a los israelitas, así que habló con Moisés y le dio las diez reglas por las cuales ellos debían vivir.

Reglas por las que vivir

Éxodo 20.1-17

Moisés y los israelitas vagaron por el desierto. El pueblo comenzó a hacer lo que quería. No tenían reglas por las que vivir. Dios le dijo a Moisés que se reuniera con él en la cima de un monte. Allí, le dio a Moisés un conjunto de reglas para que su pueblo las siguiera. Estas reglas se llaman los Diez Mandamientos. Después que Moisés bajara del monte, compartió las reglas de Dios con el pueblo.

Moisés les dijo: «La regla más importante es amar y adorar a Dios». También les explicó:

Solo hay un Dios verdadero.

No adoren a otros dioses.

Nunca usen el nombre de Dios en vano o con enojo.

Recuerden siempre guardar un día a la semana especial para Dios.

Traten a sus padres con respeto.

No tomen el esposo o la esposa de otro como su cónyuge.

Nunca tomen las cosas que no les pertenecen.

No digan cosas malas acerca de otros.

No es bueno desear lo que tienen otras personas.

Ahora Moisés y su pueblo sabían cómo vivir una vida que honrara a Dios y les impidiera hacerse daño a sí mismos y lastimar a otras personas.

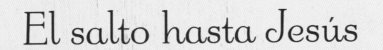

El salto hasta Jesús

Al igual que los israelitas usaron la Palabra de Dios
para guiarse, Jesús también usó la Palabra de Dios.
Él sabía que cada palabra que procede de Dios es
poderosa y verdadera. Y por eso cuando el enemigo
de Dios, el diablo, intentó engañarlo, Jesús sabía
que las palabras de la Escritura, la poderosa Palabra
de Dios, lo ayudarían a ganar.

Jesús es tentado

Mateo 4.1-11

Después que Jesús fuese bautizado, el Espíritu Santo lo guio al desierto. Jesús no comió nada durante cuarenta días y cuarenta noches. Tenía mucha hambre.

El diablo se le acercó y le dijo: «Si eres el Hijo de Dios, ordena que estas piedras se conviertan en pan».

Jesús dijo: «Los seres humanos no pueden vivir solo de pan, necesitan cada palabra que Dios habla».

Luego, el diablo llevó a Jesús a lo más alto del templo en la ciudad santa de Jerusalén, y dijo: «¡Si eres el Hijo de Dios, salta! Porque la Escritura dice: "Dios mandará a sus ángeles para que cuiden de ti, y te sostengan en sus manos"».

Jesús le respondió: «Pero la Escritura también dice: "No tentarás al Señor tu Dios"».

Entonces el diablo llevó a Jesús hasta la cima de un monte muy alto y le mostró todo el oro, las joyas y el poder de todos los reinos de la tierra. Sin embargo, había una trampa. El diablo le dijo a Jesús que podía tenerlo todo, pero primero tendría que postrarse y adorarlo.

«¡No!», dijo Jesús. «¡Vete, Satanás! Escrito está: "Al Señor tu Dios adorarás, y solo a él servirás"».

Derrotado, el diablo finalmente dejó tranquilo a Jesús. Entonces llegaron unos ángeles para cuidarlo.

JESÚS, LA RESPUESTA

Así que ahora vemos lo poderosa y cierta que realmente es la Palabra de Dios en las Escrituras. Si Jesús usó la Palabra de Dios como ayuda y guía, ¿no deberíamos hacerlo nosotros también? Cuando conocemos la Palabra de Dios, puede protegernos, guiarnos y ayudarnos. Así que si realmente deseamos conocer a Dios y su plan para nuestra vida, debemos leer la Biblia, escuchar lo que Dios está diciendo... ¡y creer!

¡Cree!

IDEA CLAVE

Creo que la Biblia es la Palabra de Dios inspirada y tiene derecho a dictar mi creencia y conducta.

VERSÍCULO CLAVE

Toda la Escritura es inspirada por Dios y útil para enseñar.

2 Timoteo 3.16

CAPÍTULO 5

Identidad en Cristo

PENSAR

La pregunta clave: ¿Quién soy yo?

Bueno, si alguien te preguntara: *¿quién eres tú?*, seguro le responderías diciéndole tu nombre, ¿no es cierto? Los nombres son importantes. Tu nombre le dice a la gente quién eres. Tu nombre es especial, porque tus padres lo escogieron precisamente para ti. No obstante, ¿sabías que a veces, en la Biblia, Dios escogió nombres nuevos para sus hijos? Eso es lo que ocurrió un día con un hombre llamado Abram y su esposa Sarai.

Antiguo Testamento

Dios cambia los nombres de Abram y Sarai

Génesis 12.1-8; 17.1-7, 15-17

Abram y Sarai vivían en el país de Arán. Poseían todo lo que pudieran haber deseado. Tenían un cómodo hogar, mucha comida en su mesa y sirvientes para ayudarlos a cuidar de la casa y sus animales. Sin embargo, año tras año Sarai anhelaba y esperaba poder tener un bebé.

Un día, Dios se acercó a Abram y le dijo: «Deja tu casa y tus amigos y ve a un lugar que yo te mostraré. Te bendeciré con una gran familia, y te recordarán para siempre».

Abram no lo dudó. Abram y Sarai le creyeron a Dios. Así que reunieron todas sus cosas: sus animales, tiendas y sirvientes. Y le pidieron a su sobrino Lot que se fuera con ellos. Después les dijeron adiós a todos sus conocidos. Juntos salían hacia lo desconocido, sabiendo que el Señor tenía un gran plan para ellos.

Luego de haber viajado un tiempo, llegaron a la tierra de Canaán. El Señor se le apareció a Abram y le dijo: «Esta es la tierra que le daré a tu futura familia».

Abram estaba tan feliz que construyó un altar para Dios. Abram alabó a Dios porque Canaán era una tierra muy hermosa.

Dios se sintió complacido con Abram, pues le había sido fiel y leal. Así que Dios decidió darle a Abram un nuevo nombre. «Tu nombre ya no será Abram. A partir de ahora te llamarás Abraham, que significa padre de muchas naciones. Sarai ahora se llamará Sara. Ella será madre de reyes».

El salto hasta Jesús

Qué maravilloso fue que Dios les diera a Abraham
y a Sara unos nombres nuevos. Ahora bien, si Dios
te diera un nuevo nombre, ¿qué nombre te gustaría
que escogiera? Podría llamarte Precioso, o Amado, o
Escogido, o Especial, o Tesoro... porque tú eres mucho
más que solo un nombre para Dios. Tú eres su propio
hijo y le perteneces.

Cuando entendemos esto, comenzamos a comprender
quiénes somos verdaderamente. Cuando descubrimos
cuánto nos valora Dios, podemos ser transformados
de maneras sorprendentes. Esto es lo que un hombre
llamado Zaqueo descubrió un día. El día en que
Zaqueo conoció a Jesús, su nombre no cambió... ¡pero
él sí!

El cambio de Zaqueo

Lucas 19.1-10

Zaqueo era un hombre rico y recaudador de impuestos en la ciudad de Jericó. No le caía bien a nadie, porque era egoísta y se quedaba con el dinero que no le pertenecía. Un día, Zaqueo escuchó que Jesús venía a la ciudad. Así que salió de su puesto donde estaba contando el dinero y fue a conocerlo.

Muchas otras personas habían salido también para ver a Jesús. Las multitudes llenaban las calles, y Zaqueo no podía ver por encima de las personas, ya que eran más altas que él. Zaqueo se adelantó corriendo a la multitud y se trepó a un árbol. Desde ahí observaba mientras la muchedumbre se desplazaba hacia él. ¡Finalmente pudo ver a Jesús!

Jesús caminaba y le hablaba a la multitud. Cuando miró hacia arriba, vio a Zaqueo sentado en el árbol. Jesús lo llamó:

—Baja y llévame a tu casa.

—¿Yo? —preguntó Zaqueo—. ¿Quieres venir a mi casa?

Zaqueo descendió apresuradamente del árbol.

—¡Estoy feliz! ¡Vamos! ¡Tendremos una fiesta!

Las multitudes gruñían y decían: «Jesús nos deja para ir a la casa de un pecador».

Zaqueo estaba sorprendido de que Jesús quisiera pasar tiempo con él.

—Soy otro hombre —le dijo Zaqueo a Jesús—. A partir de hoy, entregaré la mitad de mis posesiones a los pobres, y si le hubiera robado algo a alguien, le devolveré cuatro veces más.

Jesús estaba contento, y dijo:

—Yo he venido a encontrar a personas que no conocen a Dios. He venido a salvarlas. Hoy, tú has sido salvo.

JESÚS, LA RESPUESTA

¿Sabes lo que le ocurrió a Zaqueo después de encontrar a Jesús? Fue como si se convirtiera en una persona distinta. Dios lo conocía. Dios lo amaba. Y por primera vez, Zaqueo realmente supo quién era. No era tan solo un nombre. No era tan solo Zaqueo. No era tan solo un recaudador de impuestos. Zaqueo sabía que era un hijo de Dios; amado, especial y escogido; un miembro único, precioso, que pertenecía a la gran familia de Dios. ¡Y eso mismo eres tú también!

¡Cree!

IDEA CLAVE

Creo que soy importante por mi posición como hijo de Dios.

VERSÍCULO CLAVE

Mas a cuantos lo recibieron, a los que creen en su nombre, les dio el derecho de ser hijos de Dios.

Juan 1.12

CAPÍTULO 6

Iglesia

PENSAR

La pregunta clave:
¿Cómo logra Dios sus propósitos hoy en día?

Desde el principio de la creación, Dios tenía una imagen maravillosa en su mente. En el cuadro de Dios, el mundo que había hecho era hermoso, y la unión que tenía con su pueblo era perfecta. Era un cuadro de una familia con él mismo —Padre, Hijo y Espíritu Santo— en el centro.

Sin embargo, cuando el pecado se introdujo en el mundo, el cuadro de Dios comenzó a estropearse. Su pueblo se alejó de él. Y así, Dios comenzó a trabajar en un plan maravilloso para volver a estar con su pueblo. Escogió a un anciano y una anciana a fin de comenzar una familia especial en la tierra. A través de esta comunidad, Dios comenzó a arreglar su relación con su pueblo. Y todo ocurrió en una noche estrellada...

Dios forma una nación

Génesis 15.1-7; 17.15-22; 18.10-15; 21.1-7

Una noche, el sol se ocultaba en el cielo y los colores rojizos y anaranjados se convertían en negro. En la oscuridad, Dios le habló a Abraham: «Alza tu mirada al cielo. Cuenta las estrellas, si puedes. Te prometo que tendrás tantos hijos como estrellas hay en el cielo».

Abraham le creyó al Señor.

El Señor dijo: «Estableceré un pacto entre nosotros. Yo seré tu Dios. Y hasta el fin de los días, tú y tus hijos y los hijos de tus hijos serán mi pueblo. Esta tierra de Canaán donde vives ahora como extranjero será tuya. A ti te la daré y a todas las familias que vendrán detrás de ti. Por siempre y siempre yo seré su Dios».

Aunque le creyó a Dios, los años pasaron y Abraham y Sara se hicieron muy ancianos. Y aún no tenían la familia que tanto anhelaban.

Un día, el Señor se le apareció a Abraham y le dijo: «Cuando regrese a ti el año que viene, tú y Sara tendrán un hijo».

Sara se rio cuando oyó la noticia. «¿Cómo puede una mujer anciana tener un bebé?», preguntó.

Dios le preguntó a Abraham: «¿Por qué se ríe Sara? ¿Habrá algo que sea demasiado difícil para mí?».

Y así fue, el Señor hizo lo que había prometido. Un año después, Abraham y Sara tuvieron un hermoso bebé varón, al que le llamaron Isaac.

Abraham educó a su hijo y a toda su casa para que amaran al Señor. Les enseñó lo que era bueno y justo ante los ojos de Dios. Finalmente, todas las naciones de la tierra fueron bendecidas por la devoción de Abraham hacia Dios.

El salto hasta Jesús

La familia de Abraham creció y creció. Los hijos de Isaac tuvieron hijos y *ellos* también tuvieron hijos que a su vez tuvieron más hijos. La familia creció hasta convertirse en una nación llamada Israel. Cada día, Dios cuidaba a la comunidad de Israel mientras trabajaba a fin de recuperar para sí a su pueblo. Después de muchos, muchos años, nació otro bebé. ¡El nombre de ese bebé era Jesús! Él fue la mayor bendición de todas y la mejor parte del plan de Dios. Vino para mejorar la relación entre Dios y su pueblo. Sin embargo, aunque Jesús era todo lo que el pueblo anhelaba, muchos de ellos no creyeron en él.

Ahora bien, ¿crees que Dios abandonó su plan? ¡No! Después que Jesús se levantó de la muerte y regresó al cielo, Dios siguió construyendo su relación con su pueblo mediante una nueva comunidad llamada la iglesia. ¡La historia de cómo nació la iglesia es una de las historias más emocionantes que podrás leer!

El Espíritu Santo viene para establecer la iglesia

Hechos 2.1-41

Después que Jesús resucitó, sabía que pronto debería regresar al cielo. Así que les dijo a sus discípulos: «Quédense en la ciudad. No se vayan hasta que Dios les envíe un regalo especial».

Una mañana, los discípulos estaban juntos celebrando la fiesta de Pentecostés. De repente, un gran viento recorrió la habitación. Brillantes brotes de color que parecían llamas de fuego aparecieron y se asentaron sobre la cabeza de cada persona. Los discípulos cayeron de rodillas alabando a Dios. Después comenzaron a hablar en muchos lenguajes distintos.

Los judíos de todo el mundo se habían reunido en Jerusalén. Como cada uno oía hablar a los discípulos en su propia lengua, se preguntaban: «¿Qué significa esto? ¿Cómo hablan estos lugareños lenguajes de otras partes del mundo?».

Pedro, uno de los discípulos, se levantó y exclamó: «Esto significa que Dios nos ha enviado el regalo de su Espíritu. Su Espíritu vive en nosotros para que podamos hacer cosas inusuales. Con el poder del Espíritu podemos hablar en otras lenguas. Podemos predicar acerca de Dios. Podemos hacer milagros».

Pedro continuó explicando: «Dios envió a Jesús a la tierra como un hombre para servir a la gente. Ustedes oyeron enseñar a Jesús. Vieron sus milagros. Después le dieron muerte con la ayuda de personas malvadas. Sin embargo, ese no fue el fin. Dios resucitó a Jesús. La muerte no pudo detenerlo. Él volvió a vivir. Nosotros lo hemos visto vivo. Y lo observamos regresar al cielo para estar con Dios. Jesús prometió que no nos olvidaría, así que envió al Espíritu Santo para que estuviera con nosotros. Pueden estar seguros de esto: Dios hizo a Jesús Señor y Mesías».

El pueblo estaba muy abatido por lo que dijo Pedro. Recordaban que Jesús contó historias maravillosas e hizo milagros fantásticos. No obstante, también recordaron cómo aclamaban cuando moría. Ahora entendieron quién era Jesús realmente: ¡el Hijo de Dios! «¿Qué haremos ahora?», preguntaron.

«Cambien sus caminos, crean en Jesús y bautícense», dijo Pedro, «para que sus pecados sean perdonados. La promesa de Dios de enviar su Espíritu es para ustedes y sus hijos, y para todos aquellos que crean en Jesús».

En ese día, miles de personas aceptaron a Jesucristo como su Salvador.

JESÚS, LA RESPUESTA

¡Qué historia tan emocionante! ¡El día que vino el Espíritu Santo fue el día en que la iglesia de Dios, su nueva familia en la tierra, nació! Después de ese día, los discípulos viajaron por todo el mundo, hablándole de Dios a todas las personas que veían, e invitándolas a unirse a su iglesia. Dios sigue trabajando en su plan para restaurar su relación con su pueblo. Cada día, usa a la iglesia para que su pueblo regrese de nuevo a él. Y seguirá trabajando hasta que las buenas nuevas de Jesús se hayan extendido a cada rincón del mundo. Algún día, Jesús regresará a la tierra. Entonces, el bello cuadro que Dios tiene en su mente será establecido de nuevo. Será un cuadro maravilloso de una familia, con una fe y un Padre. Y la relación perfecta de Dios con su pueblo será restaurada.

¡Cree!

IDEA CLAVE
Creo que la iglesia de Dios es la principal forma de llevar a cabo sus propósitos en la tierra.

VERSÍCULO CLAVE

Más bien, al vivir la verdad con amor, creceremos hasta ser en todo como aquel que es la cabeza, es decir, Cristo.

Efesios 4.15

CAPÍTULO 7

Humanidad

PENSAR

La pregunta clave:
¿Cómo nos ve Dios?

Cuando hacemos la pregunta clave: *¿cómo nos ve Dios?*, lo que realmente queremos saber es: *¿qué piensa Dios de nosotros?*, o *¿qué ve Dios cuando mira nuestro corazón?* Y para responder a esta pregunta, tenemos que regresar a la primera persona que él creó.

¿Recuerdas la historia de Adán y Eva, y cómo tuvieron que salir del jardín del Edén por desobedecer a Dios? Veamos qué ocurrió después...

Caín y Abel

Génesis 4.1-16

Tras salir del jardín del Edén, Adán y Eva tuvieron dos hijos llamados Caín y Abel. Caín aprendió a plantar y cultivar alimentos. Abel aprendió a ser pastor.

Caín y Abel eran buenos en sus trabajos. Cuando la cosecha estaba madura, Caín reunió parte del grano y los frutos que había recolectado y se los ofreció a Dios. Por su arte, Abel le presentó el mejor primogénito de sus corderos.

Dios se agradó de Abel, pues él le dio al Señor lo mejor que le podía dar. Sin embargo, Caín tomó para sí lo mejor de su grano y sus frutos y le dio a Dios de lo que le sobraba. Esto no fue del agrado del Señor. Caín se quedó muy abatido e infeliz.

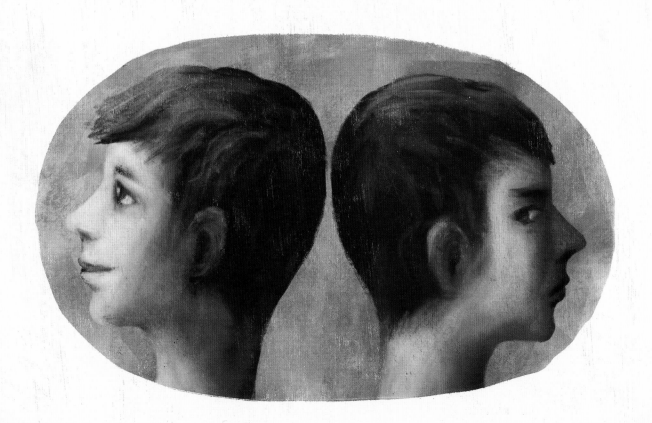

Dios le preguntó a Caín: «¿Por qué estás enojado? Sabes que si haces lo correcto serás aceptado».

Caín no escuchó a Dios. Estaba celoso de Abel y seguía muy molesto. Así que Caín invitó a Abel a dar un paseo por el campo. Mientras estaban solos, Caín mató a su hermano.

Dios le preguntó a Caín: «¿Dónde está Abel?». Caín no respondió. No obstante, el Señor Dios sabía lo que Caín había hecho. Él sabía que Caín había pecado.

Dios dijo: «No te puedes quedar aquí. No puedes seguir siendo agricultor. Pasarás el resto de tu vida vagando, buscando un lugar para vivir».

Así que Caín dejó a su familia y viajó a otra tierra.

El salto hasta Jesús

¡Qué triste debió haber sido para Dios ver todo el enojo, los celos y las peleas en el pueblo que él levantó! El pecado era como una enfermedad que se extendió por medio de Adán y Eva, y luego de Caín, y más tarde de todas las personas. Sin embargo, ¿sabes algo que puede parecer increíble? Dios seguía amando a Caín, y lo protegió. Aunque Dios podía ver todo ese pecado cuando miraba en el corazón de Caín, también vio algo más. Vio a su propio hijo, su propia creación maravillosa. Vio a alguien a quien hizo para que fuera exactamente igual que él mismo, alguien en quien se pudiera deleitar. Y por eso Dios nunca abandonó a Caín, y nunca se olvidó del mundo. Él siguió buscando formas de salvar a su pueblo de su pecado.

¿Cómo podría rescatar a su pueblo? ¿Cómo podría hacerlos volver al camino cuando se habían desviado como ovejas perdidas? Solo había una forma. Dios necesitaba un pastor, un «superpastor», que hiciera cualquier cosa por salvar a su rebaño. Y Jesús, el mejor superpastor y el más valiente que el mundo hubiera conocido jamás, vendría a rescatarnos a todos, al igual que el pastor de esta historia...

Se encuentra a la oveja perdida

Mateo 18.10-14

Miles de personas se acercaban para oír a Jesús hablarles de Dios y su reino. Jesús a menudo le contaba historias a la gente que la ayudaba a entender sus enseñanzas. Los que se reunían en torno a Jesús eran personas normales y corrientes: granjeros y pastores, madres y mercaderes, así como sus hijos. De modo que Jesús usaba acontecimientos cotidianos cuando contaba sus relatos. En cierta ocasión, les contó esta historia del buen pastor:

Había una vez un pastor que tenía cien ovejas. Un día, una oveja se alejó del resto del rebaño. El pastor sabía que la oveja estaba en peligro debido a los osos y leones que vivían en las colinas. Se sentía muy preocupado. No quería perder a ninguna de sus ovejas. ¿Qué debería hacer?

El pastor decidió dejar a las otras noventa y nueve y buscar a la oveja que se había perdido. Buscó y buscó. Buscó subiendo y bajando colinas, buscó detrás de enormes rocas y arbustos, y en los barrancos.

Finalmente, el pastor encontró a su oveja... ¡y se puso muy feliz!

«¡Genial!», le dijo a su oveja. «¡Estabas perdida y te he encontrado!». En vez de regañarla, el pastor guio a su oveja perdida junto al resto del rebaño.

Jesús contó esta historia para mostrarnos que Dios Padre es como el pastor. Él nos ama a todos y cada uno de nosotros. Todos somos especiales para él y no quiere perder ni tan siquiera a uno de nosotros.

Dios nunca quiere que nos alejemos de su lado, pero si lo hacemos, él irá a buscarnos.

JESÚS,
LA RESPUESTA

Qué maravilloso es saber que Dios nunca nos abandona. Incluso cuando nos desviamos y hacemos las cosas mal, Dios nos ve como sus hijos preciosos, como personas a quienes sigue buscando con un amor que es mucho más fuerte que todos nuestros pecados. El amor y el perdón de Dios son para *todos* los que acuden a él, para *cualquiera* y para *todo* aquel que crea en Jesús. ¡Ahora bien, si pudiéramos amarnos los unos a los otros como Dios nos ama, imagínate qué mundo tan maravilloso tendríamos!

¡Cree!

IDEA CLAVE
Creo que Dios ama a todas las personas
y que todas ellas necesitan a Jesucristo como su Salvador.
VERSÍCULO CLAVE

Porque tanto amó Dios al mundo, que dio a su Hijo unigénito,
para que todo el que cree en él no se pierda, sino que tenga vida eterna.

Juan 3.16

CAPÍTULO 8

Compasión

PENSAR

La pregunta clave:
¿Qué deberíamos hacer por los necesitados?

Desde el principio de los tiempos, gente de todo el mundo se ha hecho la pregunta: ¿qué deberíamos hacer por las personas necesitadas? Muchos se cuestionan: ¿cómo podemos ayudar a las personas a las que no se les trata bien, o a las que no pueden cuidar de sí mismas?

Dios nos da la respuesta en la Biblia. Él está lleno de amor e interés por todos, porque él creó a todos los seres humanos. Y también desea que sus seguidores sean parte de la respuesta. Él quiere que nosotros cuidemos de los pobres. Quiere que nosotros ayudemos a los necesitados. En la Biblia, encontramos una bonita historia acerca de ciertas personas que hicieron justamente eso...

Rut y Booz
Rut 1–4

Noemí y Rut estaban muy tristes. Sus esposos habían muerto, y por toda la tierra de Moab había una gran hambruna. Noemí no quería seguir permaneciendo más tiempo en una tierra extranjera, así que decidió regresar a la ciudad de Belén, a su familia, pues allí había alimento.

Rut, la nuera de Noemí, le rogó ir con ella. Sin embargo, Noemí le dijo a Rut que se quedara con su pueblo en la tierra de Moab. Noemí se preocupaba por Rut y quería que ella se casara otra vez y tuviera familia.

No obstante, Rut le dijo: «Donde tú vayas, yo iré. Donde tú te quedes, yo me quedaré. Tu pueblo será mi pueblo. Tu Dios será mi Dios». Así que Rut siguió a Noemí hasta Belén.

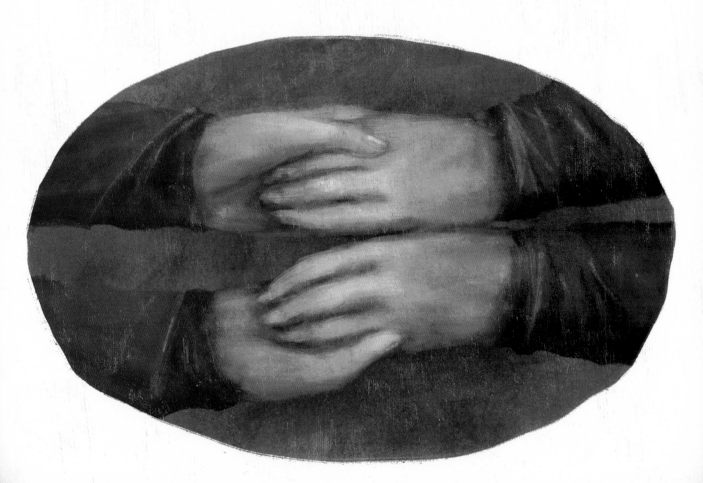

Rut trabajó mucho recogiendo el grano sobrante de los campos de Booz. Cuando Booz regresó a su campo, vio a Rut buscando el grano sobrante. Él era bueno y permitió que Rut recogiera todo el grano que necesitara de sus campos.

«¿Por qué es usted tan bueno conmigo?», le preguntó Rut a Booz.

«Oí acerca de tu bondad hacia Noemí», dijo él.

Ese día, Rut regresó a donde estaba Noemí con mucha comida. Noemí estaba agradecida con Booz por ser amable y compasivo con Rut.

Noemí quería que Rut fuera feliz y se volviera a casar. Le dijo a la joven que regresara con Booz. Rut la escuchó y fue con él. Booz vio que ella era amable y buena, así que le dio más comida para que se la llevara a casa. Después, Booz fue a ver a los hombres de la ciudad y les pidió que lo dejaran casarse con Rut. Ellos accedieron. Así que Rut y Booz se casaron.

Enseguida Rut tuvo un bebé varón. Tanto Rut como Noemí alabaron a Dios, quien les había dado una nueva familia.

El salto hasta Jesús

¿No crees que Dios debió haber sonreído cuando vio lo amable que era Rut con Noemí? ¿No crees que estaba contento cuando Booz cuidó de ambas? La historia de cómo Booz cuidó de Rut y Noemí es una hermosa imagen de cómo Dios cuida de nosotros.

Cuando Jesús vino a la tierra, nos dio otro ejemplo de cómo nosotros tenemos que cuidar a los necesitados. Un día, él contó una historia acerca de un hombre al que robaron, y de una buena persona que se acercó a ayudarlo.

El buen samaritano

Lucas 10.25–37

Un abogado y Jesús estaban hablando cierto día. El abogado quería probar a Jesús. Así que dijo:

—¿Qué debo hacer para ser salvo?

—¿Qué crees que dice la ley? —le preguntó Jesús.

—Amarás a Dios completamente, y amarás a tu prójimo como a ti mismo —contestó el abogado.

Entonces el abogado preguntó:

—Señor, ¿quién es mi prójimo?

Para responderle, Jesús le contó esta historia:

Caminaba un hombre por un camino. Unos ladrones salieron de entre unos arbustos y atacaron al hombre. Lo golpearon y le robaron todo, incluso su ropa. Después huyeron y dejaron al hombre tirado en el camino a punto de morir.

Un sacerdote del templo pasó caminando por ese mismo camino. Vio al herido, pero siguió caminando como si no estuviera ahí. Otro hombre que trabajaba en el templo pasó por el lugar. Él también vio al hombre tirado en el suelo, sangrando. Sin embargo, cruzó al otro lado del camino y siguió de largo. Más tarde, un tercer hombre pasó por allí. Era un viajero samaritano. Este vio al hombre que habían dejado allí abandonado a su suerte y se detuvo. Agachándose, recostó con cuidado la cabeza de la víctima en su regazo y le dio un poco de agua. Envolvió con cuidado su cuerpo en una manta y subió despacio al hombre en su burro. Entonces lo llevó a una posada.

El samaritano le dijo al posadero: «Cuida de este hombre hasta que yo regrese. Aquí tienes suficiente dinero para cubrir todos sus gastos. Regresaré pronto. Si cuidar de este hombre es más del dinero que te dejo, te lo pagaré cuando regrese».

—¿Quién fue el buen prójimo en la historia? —le preguntó Jesús al abogado.

—El que cuidó del hombre herido —le respondió.

—Pues, ve y sé tú un buen prójimo —dijo Jesús.

JESÚS,
LA RESPUESTA

¿Puedes ver cómo esta historia te ayuda a responder nuestra pregunta clave acerca de los pobres y aquellos a quienes no se ha tratado bien? Ese prójimo bueno y amable fue la respuesta. Y tú puedes ser parte de la respuesta también. Cuando encuentras formas de cuidar a otros, ayudar a los pobres o mostrarle bondad a alguna persona necesitada, no solo estás siendo un buen prójimo. No solo estás siendo como Rut y Booz, o el buen samaritano. Estás siendo como Jesús. Y eso es justamente lo que Dios quiere.

¡Cree!

IDEA CLAVE
Creo que Dios llama a todos los cristianos
a mostrarles compasión a las personas necesitadas.
VERSÍCULO CLAVE

Salven al menesteroso y al necesitado.

Salmos 82.4

CAPÍTULO 9

Mayordomía

PENSAR

🗝

La pregunta clave:
¿Cuál es el llamado de Dios para mi vida?

*Este mundo maravilloso en que vivimos le pertenece a Dios.
Él lo creó. Es el dueño. Nuestro trabajo es cuidar bien de él.
Sin embargo, ¿sabías que no es solo la tierra lo que le pertenece
a Dios? En la Biblia, el salmo 24 contiene un versículo muy
bonito que dice: Del Señor es la tierra y todo cuanto hay en ella,
el mundo y cuantos lo habitan. ¡Vaya! ¿Significa eso que tú le
perteneces a Dios? ¡Sí, le perteneces! ¿Significa eso que todo lo
que tienes, y todo lo que posees, realmente le pertenece a Dios?
¡Sí, es cierto!*

*Antes de encontrar la respuesta a la pregunta: ¿cuál es el llamado de
Dios para mi vida? tenemos que empezar a entender que nuestra
vida no es realmente nuestra, pues le pertenece a Dios. La
historia de Ana y Samuel nos enseña que...*

Ana y Samuel

1 Samuel 1.1-28; 3.18-26

Ana amaba a Dios. Sin embargo, estaba triste, porque no tenía hijos. Cada año, su esposo la llevaba a un lugar llamado Siló, y Ana hacía una oración especial para que Dios le diera un hijo. En una ocasión, ella oró así: «Querido Dios, si me concedes tener un hijo, te lo entregaré a ti, para que te sirva todos los días de su vida». Oraba con tanta intensidad que su boca se movía, pero no le salían las palabras. Un sacerdote le preguntó si estaba borracha. «No», dijo ella, «sino que estoy derramando mi corazón ante Dios».

«Que encuentres favor a los ojos de Dios», le dijo el sacerdote.

Al año siguiente, las oraciones de Ana fueron contestadas. Tuvo un bebé varón al que llamó Samuel. Ella cuidó felizmente de Samuel hasta que fue lo suficiente mayor como para dejarla. Después cumplió la promesa que le había hecho a Dios, y llevó a Samuel a vivir con los sacerdotes en Siló.

Dios le dio a Ana muchos más hijos. Y Ana se sentía complacida de saber que Samuel estaba creciendo en Siló, donde amaría y serviría por siempre a Dios.

Una noche en el templo, Samuel oyó a alguien llamarlo por su nombre. Se levantó de la cama y se frotó sus ojos. Pensaba que el sacerdote Elí lo había llamado, así que corrió a ver a Elí. «Aquí estoy», dijo Samuel.

Elí dijo: «No te he llamado. Regresa a tu cama».

Un rato después, Samuel oyó que de nuevo alguien lo llamaba por su nombre. Corrió a donde estaba Elí y dijo: «Aquí estoy».

Elí meneó su cabeza. «Yo no te he llamado. Regresa a dormir».

¡Por tercera vez Samuel escuchó mencionar su nombre! De nuevo corrió hacia Elí. «Aquí estoy».

Elí finalmente entendió. Dijo: «Dios te está llamando, Samuel. Vete a dormir. Cuando oigas que llaman de nuevo tu nombre, responde: "Tu siervo escucha"».

Eso es exactamente lo que hizo Samuel. Dios volvió a llamarlo, y esa noche Samuel escuchó. Él compartió lo que Dios le dijo con la gente. Y trabajó para Dios el resto de su vida.

El salto hasta Jesús

Debió de ser difícil para Ana devolverle a Samuel a Dios. Sin embargo, Ana sabía algo especial. Sabía que su hijo realmente no le pertenecía. Samuel le pertenecía a Dios. Cuando Ana devolvió a Samuel, en realidad tan solo estaba devolviendo algo que le pertenecía al Señor. ¡Y qué maravilloso para el pequeño Samuel ser llamado por Dios!

Ahora bien, si tú le perteneces a Dios, él también te llama a ti. Dios nos llama, sin importar lo jóvenes o mayores que seamos, a encontrar formas de devolverle lo que es suyo. Y un día, Jesús vio a una mujer que hizo exactamente eso...

La ofrenda de una viuda

Marcos 12.38-44

Un día, Jesús estaba enseñando a su pueblo. Mientras hablaba, les advirtió a sus discípulos: «Cuidado con los maestros de la ley. Visten con bonitas túnicas. Esperan que la gente los trate mejor que a nadie. Ocupan los mejores asientos en las sinagogas. Hacen largas oraciones y a la vez tratan mal a las viudas. Llegará el día en que estos hombres serán castigados por sus acciones».

Jesús continuó: «Les digo la verdad. Los ricos dan parte de su dinero. Van a la sinagoga y se saludan entre ellos. Después ponen sus ofrendas en la canasta de la sinagoga. Al final del día regresan a sus hogares, casas buenas y llenas de comida en sus mesas. Seguirán vistiendo sus bonitas túnicas y comiendo la mejor comida. Los ricos no sienten la pérdida del dinero que entregaron en la sinagoga, pues era solo el dinero extra que tenían.

»Ahora miren allí. ¿Ven a esa viuda pobre? Ella vino al templo y echó dos pequeñas monedas en el plato de la ofrenda. Dos pequeñas monedas no parecen mucho, pero eso era todo lo que ella tenía para vivir. No sabe de dónde sacará su próxima comida, pero puso a Dios primero y le dio todo lo que tenía. Su ofrenda parece pequeña, pero es más generosa que el dinero que dieron los ricos. La ofrenda de la viuda es el regalo más generoso de todos».

JESÚS,
LA RESPUESTA

¿Puedes ver cómo la viuda pobre le devolvió a Dios todo lo que tenía? Sabía que su dinero le pertenecía al Señor. Y cuando nos damos cuenta de que todo lo que tenemos —nuestro dinero, nuestro cuerpo, nuestro hogar y nuestra vida— le pertenece a Dios, entonces también podemos intentar devolvérselo a él. ¿Cómo lo hacemos? Podemos ser generosos con nuestro dinero. Podemos cuidar bien de nuestro cuerpo. Podemos invitar a los amigos a nuestra casa y compartir nuestra comida y nuestros juguetes con ellos. Podemos orar y pedirle a Dios que nos muestre cómo vivir nuestra vida para él. Todas estas son formas maravillosas de devolverle a Dios, porque todo le pertenece. Y cuando hagamos eso, verdaderamente estaremos respondiendo al llamado de Dios para nuestra vida.

¡Cree!

IDEA CLAVE

Creo que todo lo que soy y todo lo que tengo le pertenece a Dios.

VERSÍCULO CLAVE

Del Señor es la tierra y todo cuanto hay en ella.

Salmos 24.1

CAPÍTULO 10

Eternidad

PENSAR

La pregunta clave: ¿Qué va a suceder en el futuro?

¿Alguna vez has leído una historia que era tan emocionante que no podías esperar a conocer su final? ¿O quizá has visto una buena película que te gustaba mucho porque verdaderamente tenía un final feliz? Los finales felices son maravillosos. ¿Y sabes qué? Cuando creemos en Jesús, nuestra vida tendrá un final muy feliz. No tenemos que preocuparnos por lo que ocurrirá después.

¡La Biblia dice que cuando lleguemos al final de esta vida aquí en la tierra, habrá una vida totalmente nueva esperándonos en el cielo! Será como pasar la página y encontrar el final más emocionante y maravilloso que podíamos imaginar. Veamos lo que les ocurrió cierto día a Elías y Eliseo mientras caminaban juntos. ¡Estos dos amigos no se podían creer lo que ocurrió después!

Elías se va al cielo

2 Reyes 2.1-17

El profeta Elías era un buen hombre. Él le hablaba a la gente acerca del único Dios verdadero. Intentó enseñarles a reyes acerca de Dios, y no se detuvo incluso cuando se enojaron. Algunas personas que no creían en Dios intentaron matar a Elías, pero el profeta nunca dejó de amar a Dios.

Después de muchos años, el Señor estaba listo para llevarse a Elías a fin de que estuviera con él en el cielo. Tres veces Dios le dijo a Elías que fuera a lugares especiales. El fiel Elías escuchó y fue donde Dios le dijo: primero a Betel, después a Jericó, y finalmente al río Jordán. Cada vez Elías le dijo a Eliseo, su seguidor, que se quedara atrás. Sin embargo, Eliseo le respondió: «Tan cierto como que vive el Señor y como que tú vives, que no te dejaré».

Elías y Eliseo estaban a orillas del río Jordán. Cincuenta profetas de Dios observaban desde la distancia. Elías se quitó el manto que llevaba, lo enrolló y golpeó las aguas con él. Las aguas se abrieron, creando un camino en seco. Después Elías y Eliseo cruzaron el río.

Cuando llegaron a la otra orilla del río Jordán, Elías le preguntó a Eliseo:

—¿Qué puedo hacer por ti antes de que me vaya?

—Permíteme continuar con tu ministerio —respondió Eliseo.

—Esa es una petición muy difícil —respondió Elías—. Pero si me ves cuando me vaya, entonces lo recibirás.

De repente, un carro de fuego tirado por caballos de fuego apareció en el cielo. Descendió y tomó a Elías, subiéndolo al cielo. Eliseo vio cómo Elías era arrebatado para estar con el Señor Dios. Miró asombrado mientras el carro y los caballos de fuego se llevaban a Elías desapareciendo entre las nubes. «¡Padre! ¡Padre!», clamaba. «¡Los carros y los jinetes de Israel!». Y esa fue la última vez que Eliseo vio a su amigo.

Después, el Espíritu de Dios descendió sobre Eliseo y continuó con el ministerio de Elías. Los cincuenta profetas vieron lo ocurrido y fueron testigos del poder de Dios en Eliseo. Desde este momento, Eliseo siguió los caminos de Elías y honró a Dios.

El salto hasta Jesús

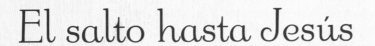

¡Vaya! Qué imagen tan asombrosa debió ser la de Elías siendo arrebatado al cielo en un carro de fuego. Sin embargo, ¿no te preguntas cómo será el cielo? ¿No te preguntas cómo será cuando lleguemos allí?

Jesús habló mucho acerca del cielo. Dijo que el cielo es un hogar maravilloso, con espacio para todos. Jesús nos dijo que prepararía el cielo para nosotros y estaría esperando nuestra llegada. ¡Qué emocionante! En el último libro de la Biblia hay una bonita historia que describe cómo podría ser el cielo.

Nuevo Testamento

La visión de Juan del cielo

Apocalipsis 4.1-8; 7.9; 21.11-22

Juan era un discípulo de Jesús que les contó a otros todo lo que Jesús había hecho en la tierra. Sin embargo, a los gobernantes no les gustaba lo que decía Juan, así que lo castigaron y lo enviaron exiliado a una isla llamada Patmos. Mientras estaba allí solo, Jesús envió un ángel para confortarlo. Jesús quería que Juan les dijera a todos los cristianos: «No se desanimen. No se rindan, aunque sean castigados por creer en Jesús. Verán su recompensa en el cielo por su fidelidad».

Después, Juan tuvo visiones el cielo. Vio cómo será cuando Jesús lleve a los creyentes a su hogar celestial.

En la visión de Juan, había personas de todas las partes de la tierra reunidas alrededor del trono de Dios. Cantaban alabanzas a Dios juntos y lo adoraban. El que estaba sentado en el trono brillaba como gemas resplandecientes. Un arco iris tan verde como una esmeralda rodeaba el trono, y todos cantaban: «Santo, santo, santo es el Señor Dios todopoderoso, el que era y que es y que ha de venir».

Algún día habrá un cielo nuevo y una tierra nueva. Toda tristeza, llanto, enfermedad y muerte se acabarán. La nueva ciudad de Dios será enorme y hermosa. Un muro espectacular rodeará la ciudad como un arco iris resplandeciente hecho de millones de piedras preciosas de colores. Y habrá doce puertas gigantes en el muro, cada una hecha de perlas. Las puertas de la ciudad estarán siempre abiertas para recibir a todos los hijos de Dios durante cualquier momento del día o la noche. Las calles serán de oro pulido que brillará como el cristal.

Al final no habrá necesidad de templo, porque el Padre y el Hijo estarán allí. No será necesario el sol ni la luna, porque la gloria de Dios será más brillante que el sol de verano.

Un río cristalino de vida fluirá desde el trono de Dios y atravesará la ciudad. El árbol de la vida estará allí. Un nuevo fruto crecerá en sus ramas, y las hojas de este árbol sanarán a todas las naciones.

Jesús dijo: «¡He aquí, yo vengo pronto! Yo soy el primero y el último, el principio y el fin. Sí, yo vengo pronto».

Amén. Ven, Señor Jesús.

JESÚS,
LA RESPUESTA

Ahora, cierra tus ojos. ¿Puedes ver esa imagen maravillosa del cielo en tu mente? ¿Puedes ver las puertas grandes y hermosas que están siempre abiertas? ¿Puedes ver las calles de oro y las piedras preciosas de colores brillando por todo el lugar? ¿Puedes oír el sonido de las risas y los ángeles cantando? ¿Puedes ver a Jesús con sus brazos abiertos esperando para darte la bienvenida? El cielo es lo que ocurre después. El cielo es nuestro maravilloso final feliz. Cuando terminemos nuestra vida aquí en la tierra, será nuestro nuevo hogar... donde viviremos con Dios para siempre.

¡Cree!

IDEA CLAVE

Creo que hay un cielo y un infierno, y que Jesús regresará para juzgar a todas las personas y establecer su reino eterno.

VERSÍCULO CLAVE

No se angustien [...] En el hogar de mi Padre hay muchas viviendas.

Juan 14.1-2

ACTUAR COMO JESÚS

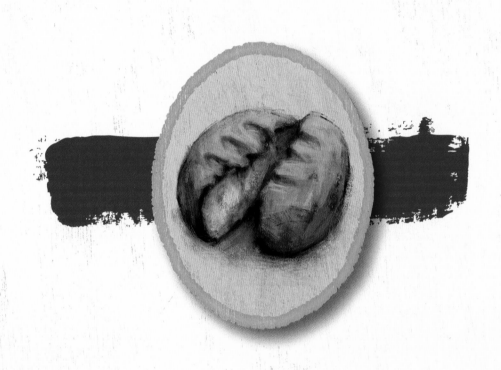

CAPÍTULO 11

Adoración

ACTUAR

La pregunta clave:
¿Cómo honro a Dios
del modo que él se merece?

Una de las mejores formas en que podemos honrar a Dios es adorándolo. La adoración significa alabar a Dios por quién él es y lo que ha hecho por nosotros. En los tiempos bíblicos, la gente alababa a Dios en muchos lugares. Lo alababan en las cumbres de los montes, en hogares con pisos de tierra, en bonitas iglesias, e incluso dentro de oscuras prisiones. Y la gente adoraba a Dios de muchas formas distintas. Cantaban o bailaban, le daban ofrendas y oraban. Sin embargo lo más importante para Dios no es dónde *lo adoramos o* cómo *lo adoramos. Lo que realmente importa para Dios es que nuestra adoración proceda del corazón.*

Dios quiere que lo amemos y adoremos por encima de todo, y Daniel fue alguien que hizo justamente eso. Veamos lo que le ocurrió a Daniel cuando fue llevado cautivo a Babilonia...

Daniel adora solamente a Dios
Daniel 6

Los profetas de Dios les dijeron a los israelitas que no se olvidaran del Señor, pero los israelitas los ignoraron. Sus vidas no eran agradables para Dios. Finalmente, los poderosos babilonios conquistaron a los israelitas. Daniel, junto con muchos más del pueblo de Dios, fue llevado prisionero a Babilonia.

Él se convirtió en un hombre fiable, trabajador y piadoso. Era un gran profeta de Dios. Daniel también era el siervo favorito del rey Darío. Esto hizo que los demás siervos del rey se pusieran celosos y quisieran deshacerse de él.

Los siervos del rey sabían que Daniel oraba a Dios todos los días. De modo que dijeron: «Conseguiremos que el rey decrete una ley que prohíba orar a Dios».

«¡Rey Darío, solo tú eres el todopoderoso!», dijeron. «Haz una ley que no permita que se adore a nadie que no seas tú, oh Rey. ¡Así, cualquiera que rompa la ley será arrojado a los leones!».

El rey Darío firmó la nueva ley. Los siervos del rey esperaron y vigilaron a Daniel hasta verlo orar.

«¡Rey Darío!», dijeron los malvados siervos. «¡Daniel ha quebrantado tu ley! Lo vimos orándole a su Dios».

El rey Darío se puso muy triste. Él amaba a Daniel, de modo que intentó defenderlo, pero los malvados sirvientes dijeron: «¡Rey Darío, tu ley es inquebrantable!». Así que el rey Darío no pudo hacer nada. Los soldados del rey arrestaron a Daniel, lo llevaron al foso de los leones, y lo arrojaron dentro.

«Que el Dios al que amas te salve», le dijo a Daniel el rey Darío. Después el rey regresó a su casa muy triste. Estuvo preocupado toda la noche.

Por la mañana temprano, el rey se apresuró a ir al foso de los leones, y gritó: «¡Daniel! ¿Te ha protegido tu Dios?».

Daniel respondió: «¡Estoy bien! Mi Dios envió a su ángel para cerrar la boca de los leones».

El rey Darío se alegró y le dijo a todas las personas del reino: «El Dios de Daniel es el Dios viviente. ¡Él es libertador y Salvador!».

El salto hasta Jesús

¿Puedes ver cómo Daniel puso a Dios primero? Hubiera sido muy fácil para él adorar al rey Darío, pero Daniel solo adoraba a Dios. ¡Imagina cómo debió cantarle alabanzas a Dios después de haber sido salvado de los leones! Daniel verdaderamente adoraba a Dios de todo corazón. Sin embargo, ¿sabías que cuando Jesús vino a la tierra vio a personas que tan solo *fingían* adorar a Dios? Estas personas *decían* que amaban a Dios. Hablaban mucho acerca de él, y hacían sus oraciones en voz muy alta para que todos los oyeran. *Parecía* que estaban adorando a Dios, pero Jesús podía ver su corazón. Él sabía que no estaban honrando a Dios como se merecía. Jesús les recordó que la única forma de honrar verdaderamente a Dios es amándolo con todo nuestro corazón, alma, mente y fuerzas. En la siguiente historia, oiremos acerca de dos hombres que adoraron a Dios de este modo. ¡Sin embargo, no estaban en la iglesia, sino (de todos los lugares posibles) se encontraban en una cárcel!

Pablo y Silas adoran a Dios en la cárcel

Hechos 16.16-35

Pablo y Silas viajaron a la ciudad de Éfeso para hablarle a la gente de Jesús. Sin embargo, no todos los que estaban en la ciudad querían oír acerca de él. Algunas personas se enojaron mucho y se fueron a quejar con los gobernantes de esa ciudad. Decidieron atacar a Pablo y Silas para que se fueran. Pablo y Silas recibieron un severo castigo y fueron llevados a la cárcel. El carcelero los puso en la celda más interior y los amarró con cadenas para que no escaparan.

Durante la noche, Pablo y Silas oraban y cantaban cantos a Dios. Los otros prisioneros escuchaban. De repente, un violento terremoto sacudió la cárcel. Todas las puertas de la prisión se abrieron, y las cadenas de todos ellos se soltaron.

El carcelero se despertó y pensó que los prisioneros habían escapado. Tuvo mucho miedo y quiso quitarse la vida, pero Pablo gritó: «¡Detente! ¡No te mates! Estamos todos aquí».

El carcelero se postró ante Pablo y Silas y preguntó: «¿Qué debo hacer para ser salvo?».

Ellos respondieron: «Cree en el Señor Jesús». Después les hablaron a todos acerca de Jesús.

El carcelero lavó sus heridas y las vendó. Llevó a Pablo y Silas a su casa y les dio de comer. Pablo y Silas les hablaron al carcelero, su familia y sus siervos acerca de Jesús. Después bautizaron a todos los miembros de la casa del carcelero. Este hombre estaba lleno de gozo, porque él, su familia y sus siervos fueron salvos.

Cuando amaneció, los oficiales de la ciudad le ordenaron al carcelero que liberara a Pablo y Silas.

JESÚS,
LA RESPUESTA

¿Crees que Pablo y Silas estaban fingiendo adorar a Dios cuando se encontraban en esa celda? ¡No! Estaban verdaderamente adorando a Dios de corazón. ¡Y qué maravilloso que después de que Dios los salvara, toda la familia del carcelero comenzó también a adorar a Dios! Por lo tanto, ¿cómo podemos nosotros adorar verdaderamente a Dios de todo corazón?

Una de las mejores formas es reuniéndonos con nuestra familia de la iglesia. Cuando apartamos tiempo para cantar alabanzas a Dios por quién él es y lo que ha hecho por nosotros, cuando oramos y leemos la Biblia, cuando compartimos la comunión, recordamos a Jesús, amando a Dios con todo lo que tenemos y honrándole como se merece.

¡Cree!

IDEA CLAVE
Adoro a Dios por quién él es y lo que ha hecho por mí.

VERSÍCULO CLAVE

Vengan, cantemos con júbilo al Señor; aclamemos a la roca de nuestra salvación.

Salmos 95.1

CAPÍTULO 12

Oración

ACTUAR

La pregunta clave:
¿Cómo crezco al comunicarme con Dios?

Imagínate que tienes un buen amigo, un amigo con el que hablas todos los días. ¿De qué conversarían? Hablarían de lo que está ocurriendo cada día en sus vidas. Quizá le contarías si te sientes infeliz o tienes miedo, y él te escucharía e intentaría ayudarte. Y a medida que tú y tu amigo hablan, se acercan más entre ustedes. ¿Sabías que Dios es como un buen amigo también? Dios quiere que hables con él cada día, como hablarías con tu amigo. Cuando hablamos con Dios, le llamamos a esto oración. Y la oración es una de las mejores formas de comunicarse con Dios. La Biblia está llena de historias de personas que hablaron con Dios, especialmente cuando necesitaron su ayuda. Y una de esas personas era un hombre llamado Gedeón.

Gedeón habla con Dios

Jueces 6—7

Mucho después de que el pueblo de Dios se estableciera en la Tierra Prometida, los israelitas se olvidaron otra vez de obedecer a Dios. Se escondieron en las colinas, temerosos de su enemigo: los madianitas. Un día, un hombre llamado Gedeón escuchó a un ángel decir:

—¡Dios está contigo, guerrero valiente!

—¿Dios está conmigo? —preguntó Gedeón—. Entonces, ¿por qué estamos teniendo tantos problemas?

—Tú salvarás a Israel —dijo el ángel—. Dios te ha escogido para dirigir a tu pueblo.

—¿A mí? —exclamó Gedeón—. Pero, ¿quién me va a escuchar a mí? ¡Yo no soy nadie!

—Dios irá contigo —le aseguró el ángel.

Sin embargo, Gedeón no estaba muy seguro. Así que le dijo a Dios: «Has prometido ayudarme a salvar a Israel. Si eso es cierto, dame una señal. Pondré un trozo de lana en el suelo. Si mañana por la mañana la lana está mojada por el rocío, pero el suelo está seco, sabré que me ayudarás».

Y eso es exactamente lo que ocurrió. A la mañana siguiente, Gedeón revisó el trozo de lana. Estaba empapado por el rocío, pero el suelo estaba seco. No obstante, Gedeón seguía sin estar seguro. Así que volvió a hablar con Dios.

«No te enojes conmigo, Dios, pero, ¿puedo pedirte otra señal? Esta vez haz que el suelo esté mojado y la lana seca». Esa noche, Dios hizo eso. A la mañana siguiente, la lana estaba seca, pero el suelo estaba empapado del rocío.

Así que Gedeón se preparó para luchar contra los madianitas. Miles de hombres se juntaron para ayudarlo. Entonces Dios le dijo a Gedeón: «Son demasiados hombres. Envía de vuelta a casa a todos los que tengan miedo». Así que Gedeón dejó ir a veintidós mil hombres. Ahora quedaban diez mil.

«Aún tienes demasiados hombres», dijo Dios, y le mostró a Gedeón a quién enviar a casa. Ahora solo quedaban trescientos hombres. Dios le ordenó al ejército de Gedeón que rodeara el campamento madianita. Cuando Gedeón dio la señal, corrieron hacia el campamento. Rompieron vasijas, ondearon antorchas, gritaron a gran voz e hicieron sonar sus trompetas. Los madianitas no sabían qué estaba ocurriendo. Tomaron sus espadas y lucharon entre ellos. Después salieron huyendo. Dios usó al pequeño ejército de Gedeón para ganar la batalla.

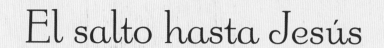

El salto hasta Jesús

¿Viste cómo Gedeón escuchó a Dios y de qué forma
Dios lo ayudó y guio? Jesús sabía que Dios también lo
ayudaría y guiaría, y hablaba con Dios constantemente.
Aunque Jesús estaba muy ocupado, siempre encontraba
tiempo para estar a solas con Dios, orar y escuchar
lo que su Padre le decía. Y un día, Jesús enseñó a sus
discípulos a orar...

Jesús enseña a orar a sus discípulos

Lucas 11.1-12

Un día, Jesús estaba orando. Cuando terminó, uno de sus discípulos le pidió: «Señor, enséñanos a orar».

Así que Jesús les dijo que oraran así:

«Padre,
santificado sea tu nombre.
Venga tu reino.
Danos cada día nuestro pan cotidiano.
Perdónanos nuestros pecados,
porque también nosotros perdonamos
a todos los que nos ofenden.
Y no nos dejes caer en tentación».

Los discípulos aprendieron esta oración y se la transmitieron a las demás personas que creían en Jesús. Después Jesús les contó a sus discípulos una historia. «Un hombre fue a casa de su amigo en mitad de la noche. Le pidió a su amigo un poco de pan, porque no tenía nada que ofrecerle de comida a su huésped. Sin embargo, el amigo le dijo al hombre que se fuera ya que estaba durmiendo. El hombre no se fue. Siguió llamando a la puerta hasta que el amigo le abrió y le dio el pan que quería».

Jesús terminó la historia y dijo: «El amigo no se levantó de la cama por su amistad. El amigo se levantó porque el hombre fue muy insistente y siguió llamando. Y así le dio al hombre el pan que quería».

Después Jesús añadió: «Si piden, se les dará. Si buscan, hallarán. Si llaman, se les abrirá la puerta. Dios le dará a todo aquel que pida en su nombre».

JESÚS,
LA RESPUESTA

¿Reconociste la oración que Jesús les enseñó a sus discípulos? Es la misma oración que quizá hayas oído en la iglesia, o quizá la dices con tu familia en casa. Lo que Jesús les enseñó a sus discípulos ese día hace tanto tiempo es la misma lección que nos enseña a nosotros ahora. Habla con Dios. Cuéntale todo. Pídele cualquier cosa. Nunca te rindas. Dios siempre escucha. Y cuando ores, estarás más cerca de Dios. Él te ayudará. Sentirás su paz en tu corazón.

¡Cree!

IDEA CLAVE

Oro a Dios para conocerlo, encontrar dirección para mi vida
y exponer mis peticiones delante de él.

VERSÍCULO CLAVE

Pero Dios sí me ha escuchado [...] no rechazó mi plegaria ni me negó su amor.

Salmos 66.19-20

CAPÍTULO 13

Estudio bíblico

ACTUAR

La pregunta clave: ¿Cómo estudio la Palabra de Dios?

Imagínate que estás viajando a algún sitio nuevo con tu familia. Haces tus maletas, te subes al automóvil y te abrochas el cinturón de seguridad. Sin embargo, ¿cómo sabes en qué dirección ir? Probablemente consultarías un mapa, quizá uno de un libro o el que aparece en la pequeña pantalla de tu auto. Al seguir ese mapa, este te guiará hasta donde quieres llegar.

Nuestras vidas son algo parecido a realizar un viaje. También necesitamos un mapa del camino para que nos muestre dónde ir. No obstante, nuestro mapa es la Biblia, la Palabra de Dios. Cuando leemos la Palabra de Dios y escuchamos lo que dice, Dios nos guía y nos muestra el camino correcto por el que ir en la vida. Dios le recordó a Josué que hiciera eso un día antes de comenzar un viaje muy especial...

Dios le dice a Josué que se acuerde de la ley

Josué 1.1-11

El pueblo de Dios estaba listo para entrar en la tierra que Dios le había prometido. Moisés, su primer líder, había muerto, así que Dios señaló a Josué como su nuevo guía. El Señor le habló a Josué: «Mi amigo Moisés está muerto. Ahora te voy a dar un gran trabajo. Vas a guiar a los israelitas hasta la tierra que les prometí que les daría. Diles a todos que se preparen. Vas a llevarlos a cruzar el río Jordán. Voy a darles toda la tierra que pisen, porque le prometí a Moisés que así lo haría.

»Tu tierra se extenderá desde el desierto hasta el Líbano, y desde el gran río Éufrates hasta el mar Mediterráneo en el oeste. Nadie te podrá hacer frente y vencer. Yo estuve con Moisés. Ahora estaré contigo. Nunca te dejaré ni te desampararé. Josué, sé fuerte, valiente y esforzado. Los israelitas te necesitan.

»Debes obedecer las leyes que le di a Moisés. Si sigues todas las leyes, tendrás éxito. Nunca dejes de hablar del libro de la ley. Piensa en las leyes de día y de noche. Así nunca te olvidarás de mis palabras acerca de cómo vivir. No temas. No desmayes. Yo soy el Señor tu Dios, y estaré contigo dondequiera que vayas».

Josué les dijo a sus oficiales que difundieran la noticia. Ellos les pidieron a los israelitas que juntaran todas sus pertenencias. Todos estaban felices. Iban a cruzar el río Jordán y finalmente vivirían en la tierra que Dios prometió.

El salto hasta Jesús

¿Quieres saber lo que ocurrió después en la historia de Josué? *Sí* cruzó el río Jordán. Josué *sí* guio al pueblo de Dios hasta la Tierra Prometida. Usó la Palabra de Dios como ayuda para llegar allí, como un mapa del camino. Josué se acordó de todas las palabras que Dios le había hablado. Nunca olvidó las leyes que Dios le había dado a Moisés. La Palabra de Dios guio a Josué durante toda su vida. Y la Palabra de Dios puede guiarnos también a todos nosotros durante nuestra vida.

¿Y dónde encontramos la Palabra de Dios? Está escrita para nosotros en la Biblia. Cuando tenemos una Biblia en nuestras manos y leemos sus páginas, estamos leyendo las palabras de Dios para nosotros. Podemos oír lo que Dios tiene que decir. No obstante, se trata de algo más que solo *oír* la Palabra de Dios. Cuando Jesús vino, contó una historia especial acerca de cuatro tipos distintos de personas que oyeron la Palabra de Dios. Al leer esta historia, intenta decidir qué tipo de persona te gustaría ser.

Jesús enseña acerca de cuatro tipos de tierra

Mateo 13.1-23

A Jesús le gustaba enseñarles a las personas contando historias. Un día, él le habló a una gran multitud que estaba de pie a orillas de un lago. Dijo: «Un granjero salió a plantar semillas. Al plantarlas, cayeron por todas partes. Algunas semillas cayeron junto al camino, y los pájaros se las comieron. Otras semillas cayeron en terreno pedregoso, donde había poca tierra. Estas semillas crecieron rápidamente en la tierra poco profunda. Después salió el sol, y las plantas se secaron y murieron. Otras semillas cayeron entre espinos. Los espinos crecieron y ahogaron las plantas. Otras semillas cayeron en buena tierra. Las semillas que cayeron en buena tierra comenzaron a crecer rápidamente. Crecieron y crecieron, y llenaron todo el campo».

Después, Jesús explicó lo que significaba la historia. «La historia de las semillas trata de diferentes tipos de personas que oyen la Palabra de Dios. Las semillas que caen en el camino son como las personas que oyen acerca de Dios y no entienden. Su corazón nunca llega a conocer a Dios. Las semillas que caen en terrenos pedregosos son como las personas que oyen la Palabra de Dios con gozo, pero como no siguen aprendiendo acerca de Dios, lo abandonan cuando surgen los problemas. Las semillas que cayeron entre espinos son como las personas que oyen acerca de Dios, pero dejan que las preocupaciones, las mentiras y la avaricia ahoguen su fe.

»No obstante, las semillas que caen en buena tierra son como las personas que oyen la Palabra y la entienden. Estas personas creen en Dios y comparten su fe con otros. Y cada vez más personas aman a Dios».

JESÚS,
LA RESPUESTA

Ahora bien, ¿qué persona en esta historia te gustaría ser? ¿No quisieras ser como los últimos, aquellos que permiten que las semillas del amor de Dios crezcan? Jesús no quiere que tan solo oigamos la Palabra de Dios. Jesús desea que realmente estudiemos sus palabras. Así que, ¿cómo lo hacemos? Tomamos nuestra Biblia, leemos y oramos, aprendemos acerca de Dios y sus verdades, creemos y luego actuamos en consecuencia. Si puedes hacer esto, lograrás que las semillas del amor de Dios crezcan y crezcan. Y la Biblia se convertirá en tu mapa del camino, guiándote durante tu viaje por la vida. Es como una luz brillante que resplandece en la carretera, mostrándote por dónde debes ir.

¡Cree!

IDEA CLAVE
Estudio la Biblia a fin de conocer a Dios y su verdad,
y encontrar dirección para mi vida cotidiana.

VERSÍCULO CLAVE
La palabra de Dios es viva y poderosa.

Hebreos 4.12

CAPÍTULO 14

Enfoque

ACTUAR

La pregunta clave:
¿Cómo mantengo mi enfoque en Jesús en medio de la distracción?

¿Alguna vez has estado tan entretenido jugando con tus juguetes que no te diste cuenta de que tu mamá estaba ahí? ¿O quizá un día te estabas divirtiendo tanto con tus amigos que no oíste que tu mamá te llamaba? Cuando eso ocurre ¿qué hace tu mamá? Imagino que dirá algo como mírame, porque quiere que dirijas tus ojos hacia ella. Tu mamá no desea que la ignores ni te olvides de que está ahí.

¿Sabías que Dios también se siente así? Dios quiere que sepamos que él está siempre presente. Dios quiere que lo pongamos en primer lugar, por encima de todo lo demás. Dios quiere que lo escuchemos y obedezcamos, para que pueda guiarnos en nuestra vida. No importa cuán ocupados estemos, no importa lo que esté sucediendo, Dios desea que permanezcamos enfocados en él. El rey Josafat fue alguien que sabía cómo hacer eso...

Josafat ora a Dios pidiéndole ayuda

2 Crónicas 20.1-30

El reino de Judá era pequeño comparado con las grandes naciones que lo rodeaban. Sin embargo, este reino era el reino de Dios, y esas personas eran el pueblo de Dios. Un día, algunos hombres llegaron al palacio y le advirtieron al rey Josafat: «Un gran ejército enemigo está avanzando hacia aquí. ¡Vienen para luchar contra nosotros!».

Josafat se preocupó, pero oró a Dios. Luego Josafat le ordenó al pueblo que no comiera nada y que enfocara su atención en orar. Les dijo que oraran para que Dios los ayudara.

Josafat fue al templo del Señor y oró.

«Señor, Dios de nuestro pueblo, tú gobiernas sobre todas las naciones. Tú eres fuerte y nadie puede derrotarte. Señor, tú le diste esta tierra a tu pueblo para siempre. Ellos viven aquí. Construyeron un lugar de adoración para tu nombre. Sabemos que cuando clamamos a ti, tú nos oyes. Pero ahora hay un ejército que viene a hacernos daño. Quieren quitarnos la tierra que nos diste. Nosotros no somos fuertes. No sabemos qué hacer, Señor, pero nuestros ojos están fijos en ti».

Cuando salieron para hacer frente al ejército enemigo, Josafat dijo: «Escuchen. Tengan fe en el Señor su Dios. Dios cuidará de ustedes. Tengan fe y tendrán éxito». Después, un gran grupo de hombres marchó al frente del ejército de Dios y cantó:

«Dad gracias al Señor, porque su amor es para siempre».

Mientras cantaban sus alabanzas a Dios, el Señor salvó a Josafat y su pueblo. Hizo que el ejército enemigo luchara contra sí mismo. Enseguida el enemigo dejó de ser una amenaza para el pueblo de Dios.

Todos los hombres de Judá regresaron sanos y felices a Jerusalén. Cantaron canciones y tocaron instrumentos dándole gracias a Dios. Y el reino de Josafat vivió en paz.

El salto hasta Jesús

¡Vaya! Dios salvó al rey Josafat y a todo su pueblo. ¿Te has dado cuenta de cómo Josafat mantuvo sus ojos puestos en Dios, aunque podía haberse distraído y preocupado por ese gran ejército? Josafat sabía lo importante que era mantenerse enfocado en Dios, orando y confiando en su ayuda.

Jesús sabía lo importante que era mantener su enfoque en Dios también. Él siempre puso a Dios primero. La Biblia nos dice que Jesús a menudo subía a los montes para orar a Dios y estar a solas con su Padre. Nuestra siguiente historia comienza justo en uno de estos montes...

Nuevo Testamento

Jesús camina sobre el agua

Mateo 14.22-33

Jesús necesitaba pasar un tiempo con su Padre. Así que se fue a los montes a orar.

Al anochecer, los discípulos subieron a una barca para cruzar el lago. Sin embargo, cuando oscureció, el viento comenzó a agitar las olas, moviendo la pequeña barca de un lado a otro. Entonces, en mitad de la noche, los discípulos observaron algo extraño. Un hombre caminaba hacia ellos por encima del agua.

—¡Es un fantasma! —gritaron aterrados.

—¡No teman!
—dijo Jesús—. Soy yo.

—¡Señor, si eres tú, dime que
vaya a ti! —gritó Pedro.

Jesús lo llamó, y Pedro salió de la barca. Él también comenzó a caminar sobre el agua.
No obstante, cuando sus ojos se apartaron de Jesús y miraron al mar tempestuoso, Pedro
comenzó a hundirse.

—¡Ayúdame, Señor! —gritó.

Jesús tomó la mano de Pedro y lo sacó de en medio de las olas.

—Pedro, ¿dónde está tu fe? —le preguntó Jesús mientras lo ayudaba a subir a la barca.

Sin embargo, Pedro y los demás discípulos solo pudieron postrarse ante Jesús.

—¡Tú realmente eres el Hijo de Dios! —dijeron.

JESÚS, LA RESPUESTA

¿Te has dado cuenta de lo que le ocurrió a Pedro en cuanto apartó sus ojos de Jesús? Comenzó a hundirse. Pedro estaba tan preocupado por el viento y las olas, que se olvidó de Jesús por completo. Se olvidó de que debía permanecer enfocado en él. Por lo tanto, ¿cómo puedes mantener tus ojos en Jesús?

¿Sabes algo? ¡Ahora estás haciendo lo correcto! Siempre que apartas un tiempo para leer acerca de Jesús, siempre que oras, siempre que le hablas, te estás enfocando en él. Cuando haces esas cosas, estás poniendo a Dios primero. Y eso es justamente lo que él quiere que hagas.

¡Cree!

IDEA CLAVE

Me enfoco en Dios y sus prioridades para mi vida.

VERSÍCULO CLAVE

*Más bien, busquen primeramente el reino de Dios y su justicia,
y todas estas cosas les serán añadidas.*

Mateo 6.33

CAPÍTULO 15

Rendición total

ACTUAR

La pregunta clave:
¿Cómo cultivo una vida de servicio sacrificado?

¿Alguna vez has oído la palabra «sacrificio»? Un sacrificio es algo que nosotros *decidimos* hacer, aunque quizá no *queramos* hacerlo. Cuando decides ayudar a tu mamá a limpiar la casa, aunque preferirías salir afuera y jugar, estás haciendo un sacrificio. Cuando decides darle algo de tu dinero a la iglesia, aunque preferirías quedarte con él, estás haciendo un sacrificio.

Así que cuando hacemos la pregunta clave: *¿cómo cultivo una vida de servicio sacrificado?*, lo que realmente queremos saber es: *¿cómo puedo decidir vivir mi vida haciendo lo que Dios quiere en vez de lo que quiero yo?* Sacrificio significa escoger a Dios primero y a nosotros de últimos. No es fácil. Sin embargo, veamos lo que ocurrió un día cuando Sadrac, Mesac y Abednego decidieron poner a Dios primero.

El horno de fuego

Daniel 3

Durante mucho, mucho tiempo, Israel siguió a Dios y fue una gran nación. No obstante, poco a poco el pueblo se olvidó del Señor, e Israel dejó de ser fuerte. La nación se vio derrotada por los babilonios, y el pueblo fue llevado al país de Babilonia. Ahora bien, el pueblo babilonio y su rey no adoraban a Dios.

Un día, el rey Nabucodonosor les ordenó a sus trabajadores que construyeran una gran estatua de oro y la colocaran en un espacio abierto donde todo el mundo pudiera verla. Luego hizo una ley para que todos se postraran y adoraran a la estatua siempre que oyeran una determinada música especial del rey. Si alguien no obedecía, el rey lo arrojaría al horno de fuego para que muriera.

No obstante, Sadrac, Mesac y Abednego eran unos jóvenes israelitas que pusieron a Dios primero. Ellos se rehusaron a adorar a la estatua. Solo adorarían al único Dios verdadero, a pesar de todo.

Cuando el rey oyó que estos jóvenes quebrantaron su ley, se puso furioso. Ordenó que fueran arrojados al horno de fuego. Y antes dijo: «¡Calienten el horno siete veces más de lo habitual!».

El rey observaba mientras los soldados arrojaban a Sadrac, Mesac y Abednego al horno. «¿No eran tan solo tres hombres los que arrojaron al horno?», preguntó el rey. «¡Yo veo a cuatro hombres, y uno de ellos parece un dios!». El rey se acercó al horno. «¡Sadrac, Mesac y Abednego!», gritó. «Siervos del Dios Altísimo, ¡salgan fuera!».

Así que los tres jóvenes salieron caminando del horno. Nada de ellos se había quemado... ¡y ni tan siquiera olían a humo!

«¡Su Dios es grande!», exclamó el rey. «Él envió a su ángel para rescatarlos. A partir de ahora, no estará permitido que nadie diga nada malo en contra de su Dios».

El salto hasta Jesús

¿Viste cómo Sadrac, Mesac y Abednego decidieron poner a Dios primero y a ellos de últimos? ¿Crees que estos jóvenes *querían* que los arrojaran a ese horno de fuego? Debió ser una decisión muy difícil de tomar, pero estaban listos para sacrificar sus vidas por Dios.

Cuando Jesús vino a la tierra, también estuvo listo para sacrificar su propia vida. Jesús entregó su vida, poniéndonos en primer lugar y colocándose él a lo último. Y les dijo a sus discípulos: *si verdaderamente quieren ser mis seguidores, tienen que decirle que no a sus propios deseos y sí a Dios. Pero si pierden su vida por mí, la salvarán.* Intentemos descubrir qué quiso decir Jesús al leer la historia de uno de sus seguidores, llamado Esteban.

La historia de Esteban
Hechos 6.8—7.60

Después que Jesús regresara al cielo, muchas personas creyeron en él y fueron salvas. Sin embargo, no todos creyeron que Jesús era el Hijo de Dios. Algunas personas se enojaron con los nuevos cristianos e intentaron hacerles daño.

Esteban era un hombre que se convirtió en miembro de la nueva iglesia y estaba lleno de la gracia y el poder de Dios. En nombre de Dios, él hizo milagros. No obstante, a algunos miembros de la sinagoga no les gustaba Esteban. Intentaron demostrar que lo que él decía de Jesús no era verdad. Con todo, Esteban seguía hablándoles de las maravillosas noticias acerca de Jesús.

Los enemigos de Esteban decidieron inventar historias acerca de él que no eran ciertas. Sabían que tendría problemas si decían que estaba hablando en contra de Moisés y Dios.

Los hombres les mentían a todos los que los escuchaban. «Esteban dice cosas malas de Moisés y Dios», afirmaban.

Los maestros de los judíos les creyeron a los hombres malos. Llevaron a Esteban ante los oficiales, y le pidieron que explicara todo.

Sin embargo, él no habló de sí mismo. En cambio, habló de lo que Dios había hecho por su pueblo. Les contó las antiguas historias de Abraham, Isaac, Jacob y José. Les recordó que Moisés hacía mucho tiempo habló de un profeta que vendría. Les dijo que Josué, David y Salomón, todos ellos escucharon a Dios. Les contó cómo Salomón edificó el templo para Dios, y les dijo a los hombres que una y otra vez el pueblo tomó malas decisiones en contra de Dios.

Esteban señaló: «Todos ustedes son muy tercos. ¡No escuchan! No quieren al Espíritu Santo. Han matado a los hombres de Dios que nos dijeron que Jesús vendría. Ustedes conocen la ley de Dios, pero no la cumplen».

Cuando los oficiales oyeron eso, se enfurecieron.

No obstante, Esteban estaba lleno del Espíritu Santo. Vio la gloria de Dios y señalando al cielo dijo: «Miren, puedo ver los cielos abiertos, y a Jesús de pie a la derecha de Dios».

Los oficiales cubrieron sus oídos y sacaron a Esteban a las afueras de la ciudad. Después, la multitud agarró piedras y se las arrojaron. Él quedó gravemente herido. «¡Señor Jesús, recibe mi espíritu!», gritó. Esteban cayó de rodillas. «¡Señor, no les tengas en cuenta este pecado!». Luego murió y fue al cielo para estar con Jesús.

JESÚS, LA RESPUESTA

¿Te has dado cuenta de cómo Esteban escogió a Dios primero y él se puso a lo último? ¡Y debido a que Esteban creyó en Dios, realmente no perdió su vida, sino la salvó! Él fue a tener una vida mucho más maravillosa en el cielo. Por lo tanto, ¿cómo podemos responder a nuestra pregunta clave? ¿Cómo te puedes sacrificar tú? ¿Cómo puedes vivir tu vida de tal forma que hagas lo que Dios quiere y no lo que tú deseas?

Jesús te diría que escogieras a Dios primero. No solo hagas lo que quieres y te gusta. Pregúntale a Dios cada día qué desea él que hagas. Dile que sí a Dios. Si puedes hacer esas cosas, estarás viviendo para él. Y esa es la mejor vida que existe.

¡Cree!

IDEA CLAVE
Dedico mi vida a los propósitos de Dios.

VERSÍCULO CLAVE

Les ruego que cada uno de ustedes, en adoración espiritual, ofrezca su cuerpo como sacrificio vivo, santo y agradable a Dios.

Romanos 12.1

CAPÍTULO 16

Comunidad bíblica

ACTUAR

La pregunta clave:
¿Cómo desarrollo relaciones sanas con otros?

Imagínate que estás de pie en un círculo muy grande con muchas personas. Hay mamás y papás, chicos y chicas, abuelos y abuelas, personas de todo el mundo. Todas las personas del círculo están tomadas de las manos, ya que se aman. Trabajan juntos; comparten lo que tienen; se ríen juntos; se ayudan unos a otros. Y justo en el medio del círculo está la persona más importante. ¿Sabes quién es? Esa persona es Dios.

La familia de Dios es algo así como lo que acabas de imaginar. Y se le llama la *comunidad* de Dios. Esta imagen en tu mente te ayudará a responder nuestra pregunta clave: *¿Cómo desarrollo relaciones sanas con otros?* Una relación sana es una relación buena. Es una en la que nos tomamos de las manos, nos amamos unos a otros y ponemos a Dios en el medio. Y cuando hacemos eso, podemos hacer juntos algunas cosas maravillosas. Descubramos lo que ocurrió cuando una comunidad trabajó junta en un proyecto muy especial.

Reconstruyendo el muro de Jerusalén
Nehemías 2.11-20—6.1-15

Durante mucho tiempo, el pueblo de Israel vivió en otro país. Finalmente, Dios decidió que era la hora de regresar a casa. Miles de personas retornaron a la tierra de Israel.

Más tarde, Dios le dijo a un hombre llamado Nehemías que viera lo que estaba ocurriendo en la ciudad de Jerusalén. Él le indicó a Nehemías: «Ve alrededor de la ciudad y dale un vistazo a la muralla destruida. Observa qué es necesario hacer y reconstrúyela». Nehemías escuchó a Dios. Fue a Jerusalén e hizo lo que Dios le dijo.

Cuando Nehemías terminó su inspección de la muralla de la ciudad, reunió a todos. Entonces les dijo a los líderes de la ciudad y los sacerdotes que Jerusalén estaba en un estado terrible. «Tenemos problemas», dijo. «Las puertas están quemadas por el fuego. Las murallas han sido derribadas. Las piedras de las murallas están amontonadas como escombros. Tenemos que unirnos y reconstruir la muralla alrededor de Jerusalén. Dios me dijo que viniera a hacer esto. Él estará con nosotros».

La gente oyó a Nehemías y le creyó. Todos en la comunidad judía estuvieron de acuerdo en reedificar una parte de la muralla. Los sacerdotes reconstruyeron la muralla y la puerta que estaban cerca del templo. Cada persona eligió una sección cerca de su hogar y la reconstruyó. Los que trabajaban con oro o hacían perfumes repararon la parte de la muralla que había enfrente de sus tiendas. Incluso los nobles repararon una sección del muro. Tanto ricos como pobres, hombres y mujeres, ancianos y niños ayudaron a reconstruir los kilómetros de muralla y las diez puertas que rodeaban la ciudad de Jerusalén.

Sin embargo, los enemigos de los judíos se reían y se burlaban de los trabajadores. Amenazaron con hacerles daño a Nehemías y los edificadores.

Nehemías le dijo a la gente: «No teman. Recuerden, Dios es un Dios grande e increíble. No dejará que fracasemos». Así que todos siguieron trabajando juntos para reedificar la muralla y las puertas rotas.

Las personas trabajaron juntas de un extremo de la muralla de Jerusalén al otro. Levantaron las puertas y reemplazaron los tejados. Pusieron piedra sobre piedra para que la muralla fuera fuerte. La gente trabajaba como una comunidad en cada sección del muro y las puertas sin detenerse. Con la ayuda de Dios, terminaron la muralla de Jerusalén en cincuenta y dos días.

El salto hasta Jesús

¿Has visto lo que ocurrió cuando todos en la comunidad trabajaron juntos? ¡La enorme muralla de Jerusalén se reconstruyó en tan solo cincuenta y dos días! ¿Y sabes por qué pudieron realizar este proyecto tan grande en tan poco tiempo? Porque pusieron a Dios en el centro de su equipo, y todos se ayudaron unos a otros.

Cuando Jesús vino a la tierra, les recordó a las personas cómo vivir en comunidad, como la familia de Dios. Les dijo que pusieran a Dios en el centro de sus vidas, y que amaran y sirvieran a los demás. Y en caso de que no entendieran cómo hacer eso, Jesús se los enseñó. Un día incluso se arrodilló y lavó los pies sucios de sus discípulos. Jesús quería que la gente supiera lo importante que es cuidar unos de otros. Cuando Jesús regresó al cielo, la primera iglesia en Jerusalén hizo eso. Al leer esta historia, intenta observar todas las distintas maneras en que esta comunidad de creyentes se preocupaban los unos por los otros.

Una comunidad de creyentes

Hechos 2.42-47; 4.32-37

Cuando Jesús regresó al cielo, envió al Espíritu Santo para que estuviera con sus discípulos. Los discípulos les contaban a los demás sobre él. Le decían a la gente que Jesús murió por sus pecados. Hablaban de los regalos de Jesús de amor y gracia. Hacían milagros y bautizaban a los nuevos creyentes.

La gente escuchaba y se sorprendía. Sentían el amor de Dios. Les hablaban a otras personas del amor y el perdón de Dios. Y cada día, la comunidad de creyentes crecía. Los creyentes estaban felices. Se amaban unos a otros y amaban a Jesús.

Enseguida se dieron cuenta de que querían estar juntos todo el tiempo. Así que compartían todo lo que tenían. Compartían su comida, compartían sus hogares y compartían sus ropas. Nadie tenía que preocuparse de nada. Ellos cuidaban unos de otros. Durante el día escuchaban las enseñanzas de Jesús. Cuando llegaba la noche, cenaban juntos. Todos los creyentes alababan a Dios cantando canciones juntos.

JESÚS,
LA RESPUESTA

¿Has observado todas las distintas formas en que las personas cuidaban unas de otras? ¿Y has visto cómo abrieron sus brazos para recibir a gente nueva? Así es como nuestro círculo de personas va creciendo cada vez más, al pedirles a otros que se unan a nuestra comunidad de creyentes. Por lo tanto, ¿qué hacemos para desarrollar relaciones sanas con otros? Nos amamos y cuidamos unos de otros como hermanas y hermanos; trabajamos juntos para hacer cosas maravillosas para Dios; compartimos y nos ayudamos unos a otros. Y lo más importante es que mantenemos a Dios en el centro de todo, porque ese debe ser su lugar.

¡Cree!

IDEA CLAVE
Tengo comunión con otros cristianos para llevar a cabo los propósitos de Dios en mi vida, en las vidas de los demás y en el mundo.

VERSÍCULO CLAVE
Todos los creyentes estaban juntos y tenían todo en común.

Hechos 2.44

CAPÍTULO 17

Dones espirituales

ACTUAR

La pregunta clave: ¿Qué dones y capacidades me ha dado Dios para servir a otros?

¿Qué se te da bien hacer? ¿Eres bueno jugando al fútbol o como gimnasta? Quizá eres bueno pintando, o leyendo, o nadando. Todos somos buenos en algo. Así es como Dios nos hizo. Sin embargo, ¿sabías que Dios también nos da «dones espirituales»? Estos son regalos especiales que vienen del Espíritu Santo. Son cosas como enseñar, ayudar, servir, dar o animar a otros. Dios quiere que descubramos qué dones y capacidades tenemos. Después podemos usar esas capacidades para servir a las personas a nuestro alrededor y ayudar a otros a conocer a Dios.

¿Recuerdas la historia de Daniel, que fue arrojado al foso de los leones? Él era alguien que usó los dones que Dios le había dado para ayudar a otros. En esta nueva historia, él ayuda al rey Nabucodonosor. Veamos lo que ocurrió...

Daniel interpreta el sueño del rey
Daniel 2.1-47

El rey Nabucodonosor era el rey del Imperio Babilónico, el más grande del mundo. Para que su reino fuera tan grande, Nabucodonosor le ordenó a su ejército marchar a otros países. El ejército incluso invadió Israel y se llevó cautivo al pueblo de Dios a la ciudad de Babilonia.

Una noche, el rey Nabucodonosor tuvo un extraño sueño acerca de una gran estatua. Por la mañana quiso saber qué significaba el mismo. Así que les preguntó a sus sabios: «Si son tan inteligentes, díganme qué es lo que soñé y cuál es su significado».

Los hombres sabios dijeron que era imposible hacer lo que el rey había pedido.

El rey Nabucodonosor se enfureció y ordenó dar muerte a todos los sabios de Babilonia. Sin embargo, un hombre sabio llamado Daniel pidió tiempo para conocer el sueño.

144

Daniel era una de las personas del pueblo de Dios que el rey había capturado. Trabajaba para el rey, pero obedecía a Dios. Esa noche, Daniel se fue a casa y oró a Dios pidiéndole ayuda. Dios le dio a Daniel una visión que explicaba el sueño del rey Nabucodonosor. Daniel le dio gracias al Señor y dijo:

«Gloria al nombre de Dios por siempre.
Él da sabiduría al sabio.
Te alabo y te doy gracias, Dios de mis padres:
me has dado sabiduría y poder,
me has dado a conocer lo que te pedimos,
nos has dado a conocer el sueño del rey».

Daniel regresó a donde estaba el rey Nabucodonosor y le dijo: «Yo no soy más inteligente que los demás. Dios me reveló su sueño y me dio su significado en una visión». Entonces Daniel le contó al rey Nabucodonosor lo que significaba su extraño sueño.

El rey Nabucodonosor dijo: «Tu Dios es el Dios de dioses y el Señor de reyes. Él revela misterios, porque pudiste revelarme este misterio».

El salto hasta Jesús

*¿Has visto lo que ocurrió cuando Daniel usó el
don que Dios le había dado para explicar el sueño
del rey? ¡El rey Nabucodonosor se dio cuenta
de que nadie era mayor que Dios! Y Daniel fue
capaz de mostrarle cómo es nuestro Dios al rey
Nabucodonosor.*

*Cuando usamos nuestros dones espirituales para
servir a otros, podemos hacer lo mismo. Podemos
mostrarles a otros cómo es Dios. Jesús habló mucho
acerca de los dones espirituales. Les dijo a sus
discípulos que era importante que ellos descubrieran
para qué cosas Dios los había hecho buenos, y que
luego usaran esas capacidades a fin de ayudar a
otros. Un día, eso es lo que Pedro hizo.*

Pedro sana a un paralítico
Hechos 3.1-10

Un día después de que Jesús hubiera regresado al cielo, Pedro y Juan fueron al templo a orar. Cuando llegaron a la puerta de entrada al templo, vieron a un hombre que no podía caminar. Cada día, los amigos de este hombre lo sentaban junto a la puerta del templo para que pidiera limosna.

«Por favor», rogaba el hombre. «¿Pueden ayudar a un pobre?».

Pedro y Juan se detuvieron.

«Míranos», dijo Pedro. «No tengo ni oro ni plata, pero tengo esto». Entonces Pedro se inclinó, tomó la mano del hombre, y dijo: «En el nombre de Jesucristo, te digo: ¡levántate y anda!».

¡El hombre se puso de pie lleno de alegría! Luego fue con ellos al templo, caminando y saltando y alabando a Dios por el camino. Todos los que conocían a este hombre los miraban fijamente con asombro.

JESÚS,
LA RESPUESTA

Qué maravilloso es que Pedro usara su don espiritual de sanidad para mejorar a ese paralítico. Y qué feliz estaba ese hombre de poder caminar, correr y saltar. ¡Ahora conocía lo maravilloso que es nuestro Dios! Mientras creces, descubre para qué cosas Dios te ha hecho bueno. Cuando lo descubras, no lo guardes para ti. Usa tus dones y capacidades a fin de servir a otros. Cuando todo el pueblo de Dios hace eso, ofrecemos una bonita imagen de Dios trabajando en el mundo. ¡Y todos a nuestro alrededor verán el Dios tan maravilloso que tenemos!

¡Cree!

IDEA CLAVE

Conozco mis dones espirituales y los uso para cumplir los propósitos de Dios.

VERSÍCULO CLAVE

También nosotros, siendo muchos, formamos un solo cuerpo en Cristo [...]
Tenemos dones diferentes, según la gracia que se nos ha dado.

Romanos 12.5-6

CAPÍTULO 18

Ofrecimiento de mi tiempo

ACTUAR

La pregunta clave: ¿Cómo utilizar mejor mi tiempo para servir a Dios y los demás?

Tan solo imagina cómo se sentiría Dios si todas las personas del mundo se despertaran en la mañana, saltaran de la cama y dijeran: *Buenos días, Dios. ¿Cómo quieres que use mi tiempo hoy?* ¡Él estaría muy feliz! Y el mundo sería un lugar mucho más feliz también. Las personas se ayudarían más, escucharían a los demás, y escucharían a Dios. Sin embargo, darle todo nuestro tiempo a Dios puede ser difícil.

A veces, Dios tiene que recordarnos que lo hagamos. En ocasiones, él tiene que decir: *Es el momento de escucharme. Es la hora de hacer lo que quiero que hagan.* Un día, Dios le dijo a Hageo que llevara ese mismo mensaje al pueblo de Israel cuando habían dejado de trabajar en un proyecto muy importante.

El pueblo de Dios termina la construcción del templo

Hageo 1.1-15

Durante mucho, mucho tiempo, el pueblo de Dios vivió en otro país, lejos de la ciudad de Jerusalén. Finalmente, regresaron a la ciudad, pero había sido destruida. El templo de Dios era un montón de madera quemada y piedras rotas. Así que la gente se reunió para comenzar a reconstruir la casa de Dios. Después de un tiempo se cansaron del proyecto y dejaron de construir. Pasaron muchos años, y el templo aún no estaba terminado.

Dios le dijo al profeta Hageo que les diera un mensaje al rey y al pueblo. «Diles que piensen en lo que han estado haciendo todos estos años», dijo Dios. «Diles que han actuado mal. No han usado su tiempo sabiamente. Han construido casas bonitas para ellos, pero se han olvidado de mí. Se han olvidado de dedicar tiempo a construir mi casa. Esta sigue siendo un montón de madera quemada y piedras. Pusieron los cimientos para mi nuevo templo, pero después se detuvieron y se preocuparon solo de sí mismos. Eso no está bien. Es el tiempo de terminar mi casa».

El rey y el pueblo escucharon el mensaje de Hageo, porque sabían que Dios lo había enviado. Amaban a Dios y querían hacer lo que había dicho. Hageo le explicó al pueblo: «Dios quiere que sepan que él está con ustedes». Luego, Dios les dio pasión y entusiasmo a los líderes y al pueblo para terminar la construcción del templo. Todas las personas subieron a las montañas. Cortaron árboles para tener madera, llevaron la madera a la ciudad, y luego terminaron de construir la casa de Dios.

El salto hasta Jesús

¿Recuerdas qué estaba construyendo el pueblo en vez de construir la casa de Dios? Construían casas bonitas para ellos. Se habían olvidado de Dios. Esa no fue una manera inteligente de usar su tiempo. Y por esa razón, el Señor envió a Hageo para recordarles que fueran sabios y usaran su tiempo de la forma que él quería.

Sin embargo, alguien que nunca necesitó que le recordaran usar su tiempo con sabiduría fue Jesús. Incluso siendo solo un niño, era sabio. Jesús sabía lo importante que resultaba escuchar a Dios, aprender de él y usar su tiempo de la forma que Dios quería. Aprendamos cómo Jesús hizo eso en la siguiente historia.

Jesús en la casa de su Padre

Lucas 2.41-52

Cuando Jesús tenía doce años, se fue de viaje. Viajaba con su familia desde su casa en Nazaret hasta Jerusalén. Hacían este viaje cada año durante la fiesta de la Pascua. Después, cuando terminó la celebración en la ciudad, la familia de Jesús se reunió y comenzaron su viaje de vuelta a casa.

No obstante, ese año Jesús se quedó en Jerusalén sin que lo supieran sus padres. Después de algún tiempo, María y José se dieron cuenta de que faltaba Jesús. Asustados, ellos regresaron a Jerusalén para hallarlo.

Durante tres días recorrieron las calles buscándolo. Finalmente, encontraron a Jesús en el templo. Estaba escuchando y hablando con los maestros. Todo el que oía a Jesús se sorprendía de su entendimiento de la Palabra de Dios.

María dijo: «¡Jesús, hemos estado muy preocupados! ¿Por qué te quedaste aquí?».

Jesús miró a su madre y le contestó: «¿No sabían que tenía que estar en la casa de mi Padre?».

María y José no entendieron las palabras de Jesús.

Después regresaron juntos a su hogar en Nazaret.

JESÚS,
LA RESPUESTA

Imagínate lo preocupados que debían sentirse María y José al estar tres días sin Jesús. Sin embargo, Jesús no estaba perdiendo su tiempo. Cuando se quedó atrás en el templo, estaba usando su tiempo sabiamente para aprender más de Dios y cómo él quería que viviera. Mientras Jesús iba creciendo, hablaba con Dios y le pedía que le mostrara cómo usar su tiempo. Del mismo modo, ¿cómo puedes *tú* usar mejor tu tiempo para servir a Dios y a los demás? Intenta ser como Jesús. ¡Comienza mañana! Por la mañana, levántate de la cama y di: *buenos días, Dios. ¿Cómo quieres que use mi tiempo hoy?* Y Dios, que siempre nos escucha, te mostrará cómo vivir.

¡Cree!

IDEA CLAVE
Invierto mi tiempo en cumplir los propósitos de Dios.

VERSÍCULO CLAVE
Y todo lo que hagan, de palabra o de obra, háganlo en el nombre del Señor Jesús.

Colosenses 3.17

CAPÍTULO 19

Donación de mis recursos

ACTUAR

La pregunta clave:
¿Cómo uso mejor mis recursos para servir a Dios y a otros?

¿Conoces la palabra «recursos»? Los recursos son todo lo que tenemos: nuestros cuerpos sanos, nuestros hogares, nuestra ropa, nuestros juguetes, nuestro tiempo, nuestro dinero, e incluso lo que hacemos realmente bien. Así que cuando hacemos la pregunta: ¿cómo uso mejor mis recursos para servir a Dios y a otros? lo que queremos descubrir es: ¿cómo puedo usar todo lo que Dios me ha dado para agradarle y ayudar a los demás?

¿Te acuerdas cuando aprendimos acerca de una familia especial de Dios a los que llamaban los israelitas? Durante mucho tiempo, los israelitas no tuvieron hogar. Viajaban por el desierto hacia una nueva tierra que Dios les había prometido. Mientras se encontraban en el desierto, Dios les dijo que construyeran un lugar muy especial, al que nombraron el «tabernáculo», para que él pudiera estar con ellos. No fue fácil. Cuando leas la siguiente historia, mira a ver si puedes identificar los distintos recursos que los israelitas donaron para edificar el tabernáculo de Dios.

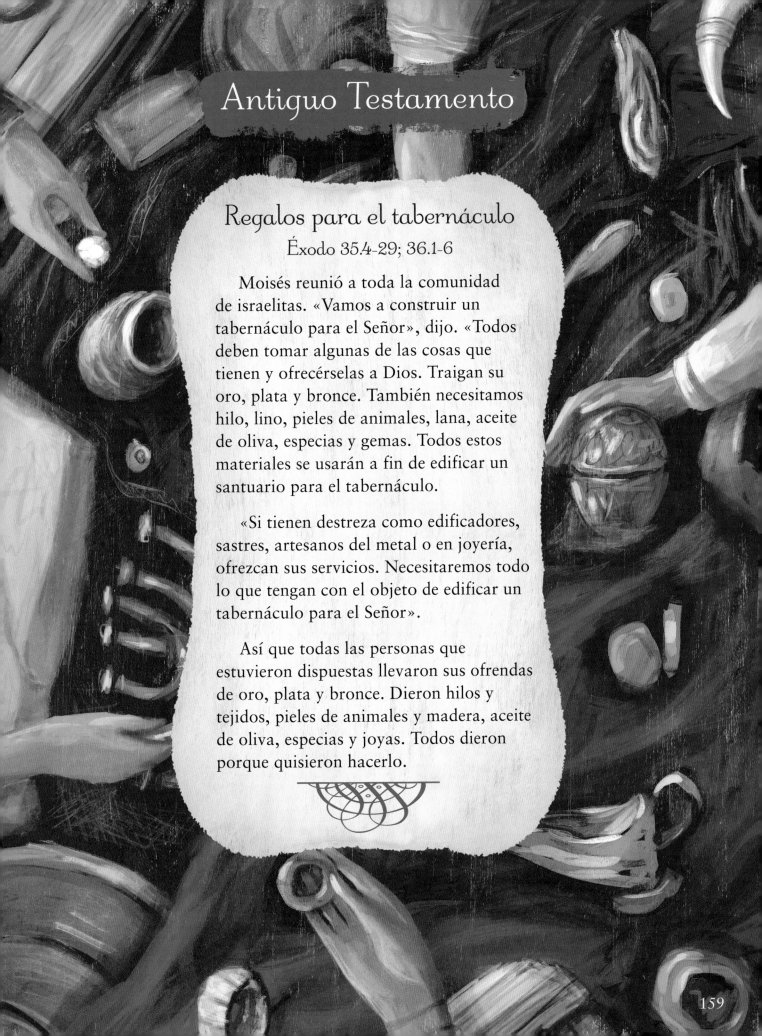

Regalos para el tabernáculo

Éxodo 35.4-29; 36.1-6

Moisés reunió a toda la comunidad de israelitas. «Vamos a construir un tabernáculo para el Señor», dijo. «Todos deben tomar algunas de las cosas que tienen y ofrecérselas a Dios. Traigan su oro, plata y bronce. También necesitamos hilo, lino, pieles de animales, lana, aceite de oliva, especias y gemas. Todos estos materiales se usarán a fin de edificar un santuario para el tabernáculo.

«Si tienen destreza como edificadores, sastres, artesanos del metal o en joyería, ofrezcan sus servicios. Necesitaremos todo lo que tengan con el objeto de edificar un tabernáculo para el Señor».

Así que todas las personas que estuvieron dispuestas llevaron sus ofrendas de oro, plata y bronce. Dieron hilos y tejidos, pieles de animales y madera, aceite de oliva, especias y joyas. Todos dieron porque quisieron hacerlo.

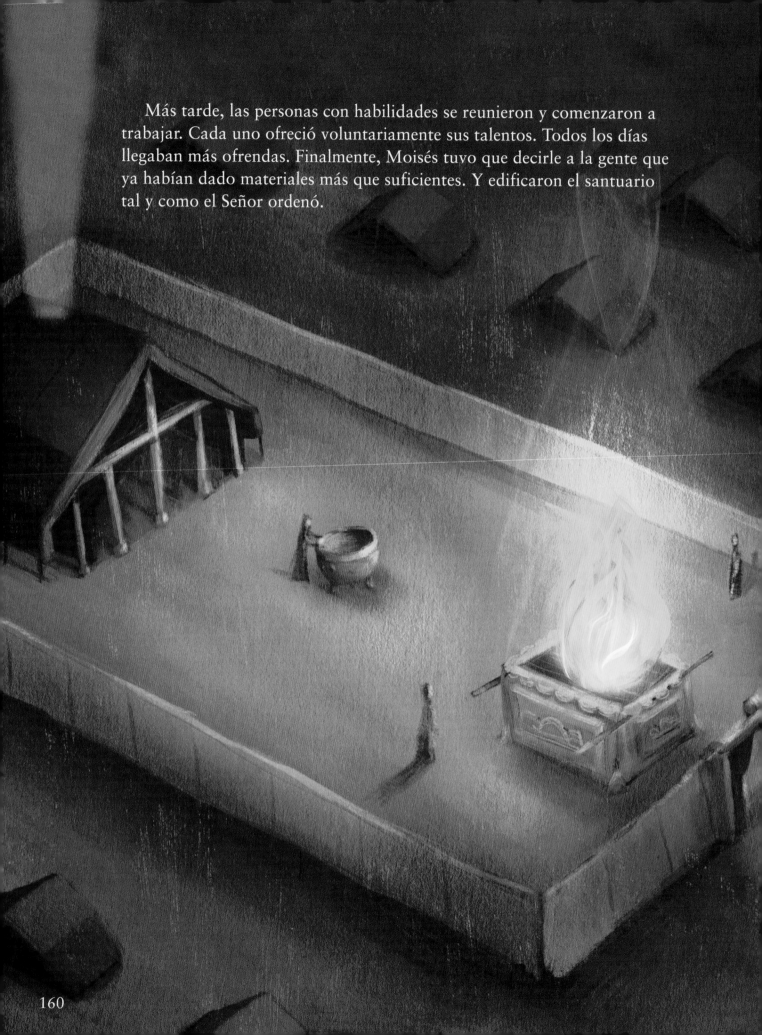

Más tarde, las personas con habilidades se reunieron y comenzaron a trabajar. Cada uno ofreció voluntariamente sus talentos. Todos los días llegaban más ofrendas. Finalmente, Moisés tuvo que decirle a la gente que ya habían dado materiales más que suficientes. Y edificaron el santuario tal y como el Señor ordenó.

El salto hasta Jesús

¡Vaya! ¿Recuerdas todos los diferentes regalos que los israelitas le llevaron a Moisés? ¡Qué sorprendente que todos fueran tan generosos y juntaran sus recursos para edificar el tabernáculo de Dios!

Muchos, muchos años después de la construcción del tabernáculo, otras personas viajaron por el desierto. Sin embargo, estas personas no eran israelitas. Eran hombres sabios que habían estado estudiando las estrellas en la noche. ¿Y sabes lo que descubrieron? Descubrieron que un rey especial había nacido. Probablemente tú ya sepas quién fue, ¿verdad? ¡Fue Jesús! Ahora bien, ¿qué regalo le darías a un rey? ¿No querrías ofrecerle el mejor regalo posible? Eso es lo que hicieron estos sabios. Escogieron sus regalos más finos, se subieron a sus camellos, y partieron hacia una aventura maravillosa para encontrar al nuevo rey...

Nuevo Testamento

Los sabios visitan a Jesús

Mateo 2.1-15

Cuando Jesús nació en Belén, algunos sabios de oriente vieron una nueva estrella resplandeciente en el cielo. Ellos decidieron emprender un viaje y seguir a la estrella. Esta los guio hasta Jerusalén. Allí fueron a ver al rey Herodes y le preguntaron: «¿Dónde está el nuevo rey de los judíos que ha nacido?».

El rey Herodes no sabía nada acerca del nacimiento de Jesús. Llamó a todos sus sacerdotes y escribas, y les preguntó: «¿Dónde nacerá el Salvador?».

Los sacerdotes y escribas respondieron: «Los profetas dicen que debe nacer en Belén de Judea».

Herodes les dijo a los sabios: «Vayan a Belén y busquen al niño. Vengan a avisarme cuando lo encuentren. Yo también quiero ir a adorarlo».

Los sabios se fueron de Jerusalén. Una vez más, la estrella que habían seguido se levantó y cruzó el cielo delante de ellos. Los llevó hasta la casa donde estaba Jesús con su madre, María.

Los sabios se postraron y adoraron a Jesús. Le dieron magníficos regalos de oro, incienso y mirra, los cuales eran símbolos de que era un Rey y Salvador. Cuando se fueron, los sabios fueron avisados en un sueño para que no regresaran a ver a Herodes, porque él le quería hacer daño a Jesús. Así que tomaron una ruta distinta de regreso a su país.

JESÚS, LA RESPUESTA

Los sabios fueron muy generosos al obsequiarles sus magníficos tesoros a Jesús. Ahora quizá tú no tienes oro ni plata. Sin embargo, ¿sabías que *todos* tenemos tesoros que podemos dar? Nuestro tiempo, nuestro dinero, lo que hacemos realmente bien, estos son tesoros que podemos dar. Así que prepárate para compartir juguetes, dar abrazos, pasar tiempo con los que te rodean y amar a todos. Cuando vives así, cuando eres generoso y das, estás usando tus recursos para servir a Dios y los demás.

¡Cree!

IDEA CLAVE

Doy de mis recursos para cumplir los propósitos de Dios.

VERSÍCULO CLAVE

Pero ustedes, así como sobresalen en todo [...] procuren también sobresalir en esta gracia de dar.

2 Corintios 8.7

CAPÍTULO 20

Proclamación de mi fe

ACTUAR

La pregunta clave: ¿Cómo comparto mi fe con los que no conocen a Dios?

¿Sabías que hay muchas personas en el mundo que no conocen a Dios? Ellas no saben cómo creó nuestro hermoso mundo, cómo cuida a su pueblo, o cuánto le ama. Y por eso Dios desea hacer algo especial, quiere que les hablemos a otros acerca de lo maravilloso que él es.

Cuando les hablamos a otros de Dios, estamos «proclamando nuestra fe». Sin embargo, proclamar nuestra fe no siempre es fácil. Y a veces puede dar un poco de miedo. Lee lo que ocurrió cuando Dios le pidió a Jonás que fuera a un lugar llamado Nínive para hablarles a otros acerca de él.

Jonás les habla a otras personas de Dios

Jonás 1—4

Jonás era un profeta. Su trabajo era darle a la gente los mensajes de Dios. Un día, Dios le dijo a Jonás: «Ve a Nínive. Dile a las personas que se porten bien, pues están quebrantando mis leyes».

Jonás no quería hacer lo que Dios le pidió. Sabía que Nínive era un lugar malo. Toda la ciudad era malvada. Así que él huyó y encontró un barco que zarpaba en sentido opuesto a Nínive. Me esconderé de Dios en este barco, pensó.

No obstante, Dios vio a Jonás y se enojó mucho porque el profeta no había hecho lo que le había pedido. Así que Dios envió una tormenta terrible que azotó el barco.

—¿Qué hemos hecho para enojar a los dioses? —gritaron los marineros.

—Ustedes no han hecho nada —les dijo Jonás—. Esta tormenta es culpa mía. Hice que Dios se enfureciera mucho. Intenté huir de él. No quería hacer lo que me pidió.

—¿Qué podemos hacer? —preguntaron los marineros.

—Arrójenme por la borda —dijo Jonás—. Así podrán estar a salvo.

Los marineros arrojaron a Jonás a las fuertes olas. El mar quedó en calma al instante. Los hombres vieron lo fuerte y poderoso que era el Dios de Jonás y lo adoraron.

Dios envió a un gran pez que se tragó a Jonás. Durante tres días y tres noches, Jonás estuvo en el vientre del gran pez. Tuvo mucho tiempo para pensar en lo que había hecho. Y oró a Dios pidiendo perdón.

Dios perdonó a Jonás, ordenándole al pez que lo vomitara. El pez hizo exactamente lo que Dios le pidió. Y las olas llevaron a Jonás hasta la orilla. Una vez más, Dios le dijo a Jonás: «Diles a las personas de Nínive que cambien sus caminos».

Jonás fue directamente a Nínive y le advirtió a la gente. Ellos se apenaron por romper las leyes de Dios, y Dios los perdonó.

El salto hasta Jesús

¿Has visto lo que ocurrió cuando Jonás fue valiente y proclamó su fe en Nínive? Todos los ciudadanos de la ciudad decidieron escuchar a Dios. ¡Qué feliz debió haber estado Dios ese día!

La Biblia está llena de historias de personas que compartieron su fe para que otros conocieran a Dios. Algunas personas que creían en Jesús proclamaron su fe mediante su manera de vivir. Eran amables, ayudaban a otros y compartían todo lo que tenían. Otras personas viajaron muchos kilómetros en todas direcciones para contarle a la gente las buenas nuevas de Jesús. Felipe fue una persona que proclamó su fe de esta manera.

Felipe comparte la Biblia con un hombre de Etiopía

Hechos 8.26-40

Cuando Jesús regresó al cielo, la primera iglesia comenzó en Jerusalén. Felipe era miembro de esta iglesia. Estaba lleno del Espíritu Santo y comenzó a hablarles a otros acerca de Jesús. Un día, un ángel del Señor le habló a Felipe. El ángel le dijo que se fuera de Jerusalén y viajara hacia el sur por el camino del desierto. Así que Felipe obedeció.

En el camino conoció a un hombre de Etiopía. El etíope era un oficial encargado del tesoro de la reina. Había ido a Jerusalén para adorar a Dios.

Felipe oyó al etíope leyendo la Palabra de Dios.

—¿Entiendes lo que lees? —le preguntó.

El etíope dijo que no moviendo su cabeza.

—Necesito que alguien me lo explique —dijo.

Así que el etíope invitó a Felipe a sentarse con él en su carro.

—¿De quién está hablando el profeta Isaías cuando se refiere a un cordero? —le preguntó entonces a Felipe.

—Jesús fue el cordero que murió por nuestros pecados. Jesús murió y resucitó de la muerte para que pudiéramos tener vida eterna. Tú puedes tener también vida eterna si crees en Jesús y lo aceptas como tu Salvador —le explicó él.

Mientras viajaban, el etíope le pidió a Felipe que lo bautizara. Se detuvieron cuando vieron algo de agua. Felipe bautizó al etíope que creyó en Jesús. Después, el etíope siguió su viaje regocijándose.

JESÚS, LA RESPUESTA

Como Felipe estaba listo para compartir su fe, ocurrió algo maravilloso: el hombre etíope creyó en Jesús y fue bautizado. ¿Cómo puedes *tú* compartir tu fe con los que no conocen a Dios? Quizá podrías leer tu Biblia con un amigo, como hizo Felipe. Quizá podrías enseñarles a otros lo que significa seguir a Jesús siendo amable, generoso y ayudando. O quizá podrías hablarles a tus amigos acerca de Dios y cuánto te ama.

Si puedes hacer estas cosas, serás como una luz que brilla en el mundo para Jesús. Cada vez más personas conocerán a Dios, y eso será algo maravilloso.

¡Cree!

IDEA CLAVE
Proclamo mi fe ante otros para cumplir los propósitos de Dios.

VERSÍCULO CLAVE
Oren para que lo proclame valerosamente, como debo hacerlo.

Efesios 6.20

SER
COMO
JESÚS

CAPÍTULO 21

Amor

SER

La pregunta clave:
¿Qué significa amar a otros de modo sacrificado e incondicional?

¡Vaya! En nuestra pregunta de hoy tenemos algunas palabras muy grandes. *¿Qué significa amar a otros de modo sacrificado e incondicional?* Estas palabras quieren decir que intentamos amar a otros tanto como nos amamos a nosotros mismos, o incluso más. Sin embargo, ¿cómo lo hacemos?

Encontraremos la respuesta en la Biblia, que es un libro acerca del amor. Desde la primera página hasta la última, la Biblia cuenta la maravillosa historia del amor que Dios tiene por su pueblo. A través de las historias bíblicas aprendemos que Dios quiere que lo amemos y que amemos a otros. La Biblia nos dice que el amor comienza con Dios. Él nos llena con su amor para que nosotros podamos amar a los que nos rodean. Descubramos más acerca de este tipo de amor especial en una de las historias más hermosas de la Biblia. Es una historia acerca de dos amigos llamados David y Jonatán.

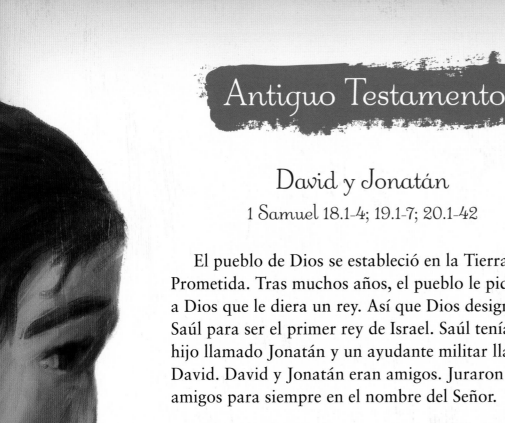

David y Jonatán

1 Samuel 18.1-4; 19.1-7; 20.1-42

El pueblo de Dios se estableció en la Tierra Prometida. Tras muchos años, el pueblo le pidió a Dios que le diera un rey. Así que Dios designó a Saúl para ser el primer rey de Israel. Saúl tenía un hijo llamado Jonatán y un ayudante militar llamado David. David y Jonatán eran amigos. Juraron ser amigos para siempre en el nombre del Señor.

Un día, David fue a ver a su amigo. Le preguntó a Jonatán por qué su padre, el rey Saúl, estaba intentando matarlo.

Jonatán no podía creer que el rey Saúl quisiera hacerle daño a David, pero este lo convenció de que era cierto. Jonatán amaba a su amigo, así que le preguntó cómo podía ayudarlo.

David dijo: «Mañana es la fiesta de la luna nueva. Ve a cenar con tu padre el rey. Escucha lo que diga de mí. Averigua si el rey tiene un plan para matarme. Si es así, prométeme que vendrás y me avisarás. Esperaré en el campo hasta que vengas y me cuentes lo que averigües». Jonatán prometió avisarle a David.

A la noche siguiente, el rey Saúl le preguntó a Jonatán por qué David no estaba en la fiesta. Jonatán le mintió para proteger a David. Inventó una historia para explicar por qué su amigo no estaba en la mesa para cenar. El rey Saúl se enojó. Le llamó traidor a Jonatán, y gritó: «¡David debe morir!». Luego le arrojó una lanza a su hijo.

En ese instante, Jonatán supo que su padre quería matar a David, así que se fue de la fiesta.

Al día siguiente, Jonatán fue al campo para encontrarse con David. Y dijo: «Debes huir. Aquí no estarás a salvo. Mi padre quiere matarte». David y Jonatán lloraron juntos. No sabían si volverían a verse. Los dos se separaron sabiendo que su amistad nunca moriría.

El salto hasta Jesús

¿Has visto cómo Jonatán amaba a David tanto como a sí mismo? Él estuvo dispuesto a morir para salvar a David del rey Saúl. Estuvo listo para renunciar a su propia vida con tal de salvar a su amigo.

Eso se llama «amor sacrificado». ¿Te recuerda a alguien? ¿Te recuerda a Jesús? Jesús estuvo dispuesto a renunciar a su vida por nosotros. Jesús les dijo a sus discípulos: Yo soy el buen pastor [...] el buen pastor da su vida por las ovejas. Cuando leas la siguiente historia, intenta imaginarte a Jesús como un buen pastor, amándote y cuidando de ti, su ovejita.

El buen pastor ama a sus ovejas

Juan 10.11-18

Jesús realizó muchos milagros y le contó historias a la gente. Él quería que entendieran que los amaba y cuidaría de ellos.

Jesús se comparó con un pastor que cuida y vigila a sus ovejas. Tan solo imagínate lo que ocurriría si las ovejas no tuvieran un pastor. Una oveja se podría perder o resultar herida... ¡o incluso acabar en la boca de un animal salvaje! Jesús sabía que las personas eran muy parecidas a las ovejas, así que les contó esta historia:

«Yo soy el buen pastor. El buen pastor da su vida por las ovejas.

»El trabajador a sueldo no es como el pastor. Él no es el dueño de las ovejas, así que no se preocupa por ellas. Cuando ve venir al lobo, deja a las ovejas y huye. Entonces el lobo ataca al rebaño y las ovejas se dispersan.

»El hombre huye porque solo recibe un salario por hacer su trabajo. No le importan las ovejas tanto como para arriesgar su vida por ellas.

»Pero yo soy el buen pastor; yo conozco a mis ovejas y mis ovejas me conocen. Amo a mis ovejas y estoy dispuesto a dar mi vida por ellas. Tengo otras ovejas que no son de este grupo. Quiero traerlas a mi rebaño. Ellas también oirán mi voz, y habrá un solo rebaño y un solo pastor.

»La razón por la que mi Padre me ama es que yo amo a mis ovejas y doy mi vida por ellas».

Cuando Jesús terminó su historia, algunas personas no entendían lo que estaba intentando explicar. Sin embargo, otros entendieron que él era el Hijo de Dios, nuestro Salvador, y el camino a la vida eterna.

JESÚS,
LA RESPUESTA

¿Puedes ver el cuadro en tu mente de Jesús cuidando de ti? ¿Puedes sentir el maravilloso amor que él te tiene? Jesús nos ayuda a encontrar la respuesta a nuestra gran pregunta. Amar a otros de modo sacrificado e incondicional significa que nosotros intentamos amar como Jesús. Perdonamos; somos pacientes; somos amables; intentamos amar a otros tanto como nos amamos a nosotros mismos. Tomamos todo ese amor que Dios nos da y lo compartimos con todos aquellos que conocemos.

¡Cree!

IDEA CLAVE
Estoy comprometido a amar a Dios y amar a otros.

VERSÍCULO CLAVE
Ya que Dios nos ha amado así, también nosotros debemos amarnos los unos a los otros.

1 Juan 4.11

CAPÍTULO 22

Gozo

SER

La pregunta clave:
¿Qué nos da verdadera felicidad y contentamiento en la vida?

¿Qué te hace feliz? ¿Qué llena tu corazón de alegría, emoción y gozo? ¿Te sientes feliz cuando es tu cumpleaños o te diviertes con tu familia? Quizá te sientes feliz cuando recibes un regalo o juegas con tus amigos. A Dios le encanta que estemos felices. Sin embargo, la verdadera felicidad es mucho más que disfrutar de nuestro cumpleaños, o recibir regalos, o pasar un buen rato. El gozo y la felicidad verdaderos provienen de conocer a Dios y recordar cuánto nos ama.

En tiempos del Antiguo Testamento, el pueblo de Dios se reunía para celebrar su bondad. Saber que Dios cuidó de ellos una y otra vez los llenaba de gozo y felicidad. Observa cómo las personas de la siguiente historia celebraban cuando recordaban cómo Dios los había ayudado.

Celebración del gozo del Señor

Nehemías 8.1-17

Los enemigos de Israel habían destruido el templo de Dios y lo habían quemado. Capturaron al pueblo y lo llevaron lejos a otro país. Tras muchos años, el pueblo de Dios regresó a Jerusalén. Reconstruyeron la ciudad y el templo de Dios. En el otoño, todos los israelitas se reunían en el área cercana a la puerta de la ciudad. Los hombres, mujeres y niños le pidieron a Esdras que leyera el libro de la ley de Moisés.

Esdras, un maestro de la ley, se subió a una plataforma especial de madera para que todo el mundo pudiera verlo. Abrió el rollo. Y después adoró a Dios. El pueblo se puso en pie, alzó sus manos y dijo: «¡Amén!». Esdras leyó el libro de la ley durante horas. Los líderes del templo le explicaron a la gente el significado de lo que oían. Enseguida la gente entendió lo que Dios había dicho en el libro de la ley. Muchas personas comenzaron a llorar. Se sintieron mal porque no habían seguido las reglas que Dios les había dado.

Sin embargo, los líderes le dijeron al pueblo: «No lloren. Este es un día especial. No estén tristes, porque el gozo del Señor es su fortaleza. Vayan y disfruten de una comida especial, y beban algo dulce. Compartan su comida con otros. ¡Es un día para estar alegres!».

Los maestros les dijeron a los israelitas: «Según la ley, Dios quiere que recordemos el momento en que nos liberó de la esclavitud en Egipto y vivimos en tiendas en el desierto. Vayan a las afueras de la ciudad y tomen ramas. Construyan para su familia una pequeña cabaña. Coman su comida y duerman en la cabaña durante la celebración».

La gente fue a las colinas y cortó ramas de olivos. Reunieron ramas de palmeras y ramas de arrayanes. Después construyeron sus cabañas en los tejados de sus casas, los patios o la plaza de la ciudad. Durante siete días, Esdras leyó la ley de Dios y todo el pueblo escuchó. Vivieron en sus cabañas y celebraron. Y todos estaban llenos de gozo.

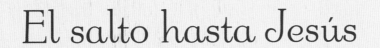

El salto hasta Jesús

Qué tiempo tan alegre fue cuando los israelitas escucharon la Palabra de Dios y recordaron cómo él había cuidado de ellos.

En el Nuevo Testamento, uno de los momentos más gozosos tuvo lugar la noche en que Jesús nació. Los ángeles de Dios descendieron del cielo con las noticias más maravillosas que el mundo jamás hubiera escuchado. Se acercaron a algunos pastores en las colinas de Belén. Fue una noche que los pastores nunca olvidarían.

Nuevo Testamento

Los ángeles les dan a los pastores noticias alegres

Lucas 2.1-20

Cuando casi había llegado el tiempo de que Jesús naciera, José y María viajaron a Belén. Sin embargo, una vez que llegaron allí, no pudieron encontrar un lugar donde quedarse. Un posadero sintió compasión por los cansados viajeros y les ofreció usar su establo. Esa noche, María dio a luz a su hijo. Ella lo envolvió en pañales y lo colocó en un pesebre acolchado con paja.

Cerca de la ciudad, unos pastores cuidaban de sus rebaños en una colina. De repente, un ángel se apareció delante de ellos. «No teman», dijo el ángel. «Dios me ha enviado para contarles las mejores noticias. Llenarán de gozo su corazón. ¡Este día, ha nacido un Salvador en la ciudad de David! Lo encontrarán envuelto en pañales y durmiendo en un pesebre».

Entonces la noche resplandeció con una luz brillante y los ángeles llenaron el cielo. «¡Gloria a Dios!», cantaban. «¡Paz en la tierra! ¡Buena voluntad para todo el mundo!».

Los pastores dijeron: «¡Vayamos a ver lo ocurrido!».
Dejaron las colinas y descendieron a Belén. Y tal y como dijo el
ángel, encontraron al bebé Jesús durmiendo en un pesebre.

JESÚS,
LA RESPUESTA

¿Te imaginas lo felices que debieron estar los pastores cuando encontraron al bebé Jesús? Verdaderamente se llenaron de gozo ese día. ¿Y sabes qué? Jesús sigue dándole gozo a todo aquel que lo conoce. Conocer a Dios y su Hijo Jesús es lo que nos hace felices. Piensa en ello: ¡Dios te ama! Él tiene un plan maravilloso para tu vida. Dios está contigo cada día. Puedes confiar en él. Cuando sabes estas cosas maravillosas, te llenas de gozo a pesar de lo que ocurra. Ese gozo que viene de Jesús estará en ti, y nadie podrá arrebatártelo nunca.

¡Cree!

IDEA CLAVE

A pesar de lo que ocurra, siento contentamiento interior y entiendo mi propósito en la vida.

VERSÍCULO CLAVE

Les he dicho esto para que tengan mi alegría.

Juan 15.11

CAPÍTULO 23

Paz

SER

La pregunta clave:
¿Dónde encuentro fortaleza para batallar contra la ansiedad y el temor?

¿Alguna vez has sentido ansiedad o temor? Tener miedo no es un buen sentimiento. Dios no quiere que sintamos temor. Él desea que tengamos paz. La paz es un sentimiento maravilloso. Cuando estamos llenos de paz, sentimos calma y descanso en nuestro interior. No estamos preocupados. No tenemos temor.

Debido a que Dios es un Dios de paz, desea que vivamos en paz con él, los demás y nosotros mismos. Por lo tanto, ¿cómo podemos hacer eso? Comencemos leyendo acerca del rey Salomón. Cuando Salomón se convirtió en el rey del pueblo de Dios, el Señor le dio a la gente un largo período de paz. Vivieron felices entre ellos y con las naciones vecinas.

El reino de Salomón goza de paz

1 Reyes 3.1-15; 4.20-25

Después que el rey David muriera, Salomón se convirtió en rey de Israel y Judá. Era un buen líder que adoraba a Dios. Cada día, Salomón oraba. Seguía las leyes dadas por Dios. Y construyó un templo para el Señor donde la gente podía adorar.

El rey Salomón quería que su reino gozara de paz, así que hizo amistades con todos los reinos vecinos. Salomón y el rey de Egipto decidieron que querían ser amigos. El rey Salomón se casó con la hija del rey de Egipto. Y la llevó a su casa con él para vivir en Jerusalén.

Una noche, Dios le habló a Salomón en un sueño. «Pídeme lo que quieras. Yo te lo concederé».

El rey Salomón podía haber pedido cualquier cosa. Podía haber pedido oro, poder y mucho más, pero no lo hizo. Salomón le dio gracias a Dios por todo lo que tenía. Después el rey pidió tener un corazón que pudiera diferenciar entre lo bueno y lo malo.

A Dios le agradó la petición de Salomón, así que le concedió el don de la sabiduría. También hizo que fuera muy rico y poderoso. El rey Salomón gobernó sobre un reino muy grande. La gente tenía abundancia de comida y bebida. Estaban a salvo y vivían en sus propias casas. Tenían viñas e higueras, campos de grano, cebada y heno. Poseían cabras y ovejas, ciervos y antílopes, así como aves para comer. Sus cosechas eran abundantes y disponían de animales a fin de proveer para las necesidades del reino. Todos tenían más que suficiente de todas las cosas.

El pueblo de Dios estaba feliz y vivió en paz mientras Salomón fue rey.

El salto hasta Jesús

¿Puedes ver cómo Salomón vivió en paz con Dios y los demás? Salomón tenía una relación maravillosa con Dios. Oraba, adoraba y le daba gracias a Dios por todo lo que tenía. Hizo amistad con todos los reinos vecinos y se aseguró de que todos en su reino vivieran en paz.

Dios nos ayudará *cuando* nosotros intentemos vivir en paz con otros. Él envió a Jesús para mostrarnos cómo ser amables y generosos, afables, perdonadores, pacientes y buenos. ¿Sabías que a Jesús se le llama el Príncipe de paz? Siempre que sintamos preocupación o temor, Jesús es el que puede darnos paz. Y esto es lo que él les enseñó a sus discípulos durante una tormentosa y temible noche en el mar de Galilea.

Jesús calma la tormenta

Marcos 4.35-41

Jesús le había estado enseñando a un gran grupo de gente. Se sentía muy cansado al final del día. Les dijo a sus discípulos que quería alejarse de las multitudes. Deseaba ir al otro lado del lago. Así que él y los discípulos se subieron a una barca. Los discípulos comenzaron a remar, pero Jesús se quedó dormido en la parte trasera de la barca.

Una gran tormenta se levantó en medio de la noche. El viento soplaba. Las olas se arremolinaban, zarandeando la barca de un lado a otro. La lluvia empapaba a los discípulos, aguijoneando su piel. El oleaje golpeaba contra los costados de la barca, llenándola tan rápido de agua que hacía inútiles los esfuerzos de los discípulos por vaciarla. Los discípulos tuvieron miedo. No podían creer que Jesús siguiera durmiendo.

Finalmente, despertaron a Jesús y le preguntaron: «¿Es que no te preocupa que nos vayamos a hundir?».

Jesús se puso en pie y les gritó a la tormenta y las olas: «¡Calla, enmudece!». Enseguida la tormenta cesó. Entonces les preguntó a sus discípulos: «¿Por qué tienen miedo? ¿No tienen fe en mí?».

Los discípulos vieron que el viento había cesado. El cielo estaba claro y el mar en calma. Se preguntaban entre ellos: «¿Quién es este hombre? Incluso el viento y las olas le obedecen. Se calmaron cuando él se los ordenó».

JESÚS, LA RESPUESTA

¡Vaya! Qué increíble que Jesús calmara esas olas tan solo extendiendo su mano y hablando. Jesús llevó paz a sus discípulos, y también puede darnos paz a nosotros. Así que, ¿dónde encontramos fortaleza para luchar contra nuestros temores y ansiedades?

Podemos encontrar fortaleza en Jesús. Él nos dice: no se preocupen por su vida. Confíen en Dios, que sabe todo lo que necesitan. Dios cuidará de ustedes. Recuerda que Dios quiere que vivamos en paz. La próxima vez que comiences a preocuparte o a sentir miedo, habla con Jesús y deja que él te dé el precioso regalo de su paz.

¡Cree!

IDEA CLAVE
Soy libre de la ansiedad porque he encontrado paz con Dios,
paz con otros y paz conmigo mismo.

VERSÍCULO CLAVE
No se inquieten por nada [...] Y la paz de Dios, que sobrepasa todo entendimiento,
cuidará sus corazones y sus pensamientos.

Filipenses 4.6-7

CAPÍTULO 24

Dominio propio

SER

La pregunta clave:
¿Cómo me libera Dios del pecado y los malos hábitos?

Imagínate que tú y tu abuela hornean unas deliciosas galletas de chocolate. Huelen muy bien. La abuela finalmente te da una. Tiene un sabor tan delicioso que le pides otra más. Sin embargo, tu abuela te dice que no. Después se va de la cocina. Tú miras las galletas en el plato y tienes que tomar una decisión. Puedes decidir tomar otra galleta, porque tu abuela no se dará cuenta, o puedes darte la vuelta y salir de la habitación. ¿Qué harías? Espero que eligieras tomar la mejor decisión.

Cuando tomamos la decisión correcta y nos alejamos del pecado o evitamos hacer lo incorrecto, estamos demostrando que tenemos dominio propio. Dios no quiere que pequemos. Él realmente desea que tengamos dominio propio. En el Antiguo Testamento, Dios escogió a un hombre llamado Sansón para ayudar a su pueblo. Al leer la historia, considera si Sansón tenía dominio propio. ¿Hizo lo correcto o lo incorrecto?

Sansón pierde el control
Jueces 13—16

Después de los cuarenta años que los israelitas estuvieron en el desierto, se les permitió entrar en Canaán, a la cual le llamaban la Tierra Prometida. No obstante, necesitaban líderes que los guiaran. Así que Dios les envió líderes llamados jueces. Uno de esos jueces era Sansón. Él nació para servir a Dios, y Dios le dio a Sansón un don.

«Sansón, tú eres especial», dijo Dios. «Te daré el don de tener una gran fuerza. Sin embargo, debes controlarte y nunca cortarte el cabello. Tu fuerza te abandonará si te cortas el cabello. Y debes mantener esto en secreto».

Sansón mantuvo su secreto y llegó a ser más fuerte que un león. Era incluso más fuerte que mil hombres. Pero Sansón tenía enemigos que querían conocer su secreto.

Finalmente, Sansón se enamoró de Dalila. Ahora los enemigos de Sansón vieron una manera de descubrir su secreto. Sobornaron a Dalila y le dijeron: «Si descubres el secreto de la fuerza de Sansón, te daremos mucho dinero».

Dalila le pidió a Sansón que le contara el secreto de su fuerza. Sansón no quiso decírselo, así que le mintió. Cuando Dalila se dio cuenta, se enojó. «¡Me has engañado!», gritó. «Si realmente me amaras, me lo dirías».

Sansón sabía que estaba mal contarle a Dalila su secreto, así que la volvió a engañar. Esta vez Dalila se quejó: «¿Cómo puedes decir que me amas cuando no me cuentas tu secreto?».

Sansón amaba a Dalila, aunque ella no amara a Dios. Él no pudo controlarse y guardar su secreto, así que se olvidó de la promesa que le había hecho a Dios. Finalmente, le contó a Dalila su secreto: que él era fuerte debido a su larga melena. Dalila dijo: «Ahora sé que realmente me amas. Ven, recuesta tu cabeza en mi regazo y duerme».

Sansón se quedó dormido enseguida. Y entonces Dalila traicionó su confianza. Les dijo a los enemigos de Sansón que le cortaran el cabello. Cuando lo hicieron, él se quedó débil. Los enemigos de Sansón lo ataron y lo pusieron en la cárcel.

Sin embargo, mientras estaba en la cárcel, el cabello de Sansón volvió a crecer. Creció, y creció, y creció.

Un día, los enemigos de Sansón dijeron: «Traigamos a Sansón al templo para reírnos de él y su Dios». Así que lo llevaron al templo y lo ataron entre dos columnas.

Sansón clamó a Dios: «Líbrame de mis enemigos. Fortaléceme otra vez para que pueda mostrarles a mis enemigos tu gran poder».

Y Dios se acordó de su promesa a Sansón y le devolvió la fuerza una última vez. Sansón empujó con fuerza las columnas del templo una y otra vez hasta que se rompieron y se vinieron abajo, destruyendo el templo y a todos los que estaban en él.

El salto hasta Jesús

¡Vaya! ¿Has visto cómo Sansón perdió su dominio propio? A veces es difícil tomar la decisión correcta. No obstante, si podemos dejar que *Dios* nos controle, nos ayudará a hacer lo correcto.

Un día, Jesús contó una historia acerca de un hijo que se fue de casa de su padre y tomó malas decisiones. Veamos lo que hace el padre cuando el hijo decide darle la espalda al pecado y regresar al hogar.

El hijo perdido

Lucas 15.11-32

Mientras Jesús estaba en la tierra, le contó esta historia a la gente.

Un padre tenía dos hijos. Trabajaban juntos en una granja muy grande. Un día, el hijo menor acudió a su padre y le pidió la mitad de todo lo que poseía la familia. El padre le dio el dinero. Después el hijo hizo las maletas y se fue de la granja. Se marchó a un país lejano. Allí compró todo lo que siempre había querido. Gastó todo su dinero. Tomó malas decisiones y rompió las leyes de Dios.

Un día, el hijo vio que no tenía nada que comer y ya no le quedaba dinero para comprar alimentos. Tenía mucha hambre. Estaba listo para hacer cualquier cosa a fin de conseguir algo de dinero y comida, así que buscó un trabajo alimentando cerdos. Los cerdos tenían comida, pero él no. Nadie le daba nada de comer.

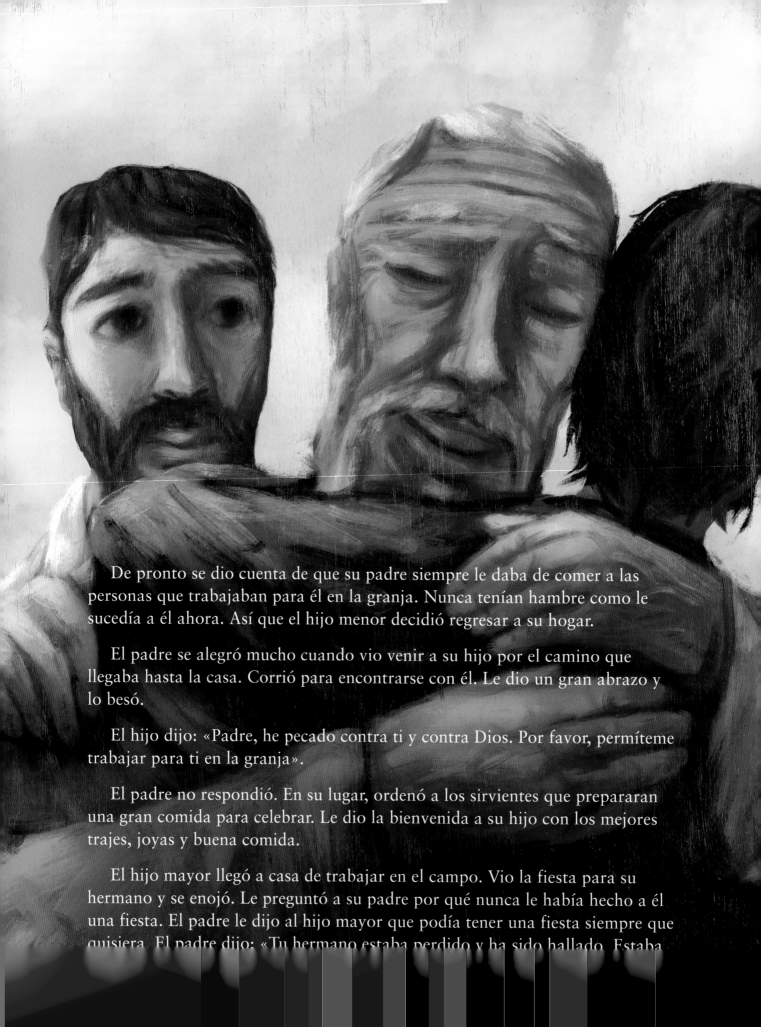

De pronto se dio cuenta de que su padre siempre le daba de comer a las personas que trabajaban para él en la granja. Nunca tenían hambre como le sucedía a él ahora. Así que el hijo menor decidió regresar a su hogar.

El padre se alegró mucho cuando vio venir a su hijo por el camino que llegaba hasta la casa. Corrió para encontrarse con él. Le dio un gran abrazo y lo besó.

El hijo dijo: «Padre, he pecado contra ti y contra Dios. Por favor, permíteme trabajar para ti en la granja».

El padre no respondió. En su lugar, ordenó a los sirvientes que prepararan una gran comida para celebrar. Le dio la bienvenida a su hijo con los mejores trajes, joyas y buena comida.

El hijo mayor llegó a casa de trabajar en el campo. Vio la fiesta para su hermano y se enojó. Le preguntó a su padre por qué nunca le había hecho a él una fiesta. El padre le dijo al hijo mayor que podía tener una fiesta siempre que quisiera. El padre dijo: «Tu hermano estaba perdido y ha sido hallado. Estaba

JESÚS,
LA RESPUESTA

¿Has visto lo feliz que se puso el padre cuando su hijo se apartó de sus pecados y regresó a casa? Así es como Dios se siente cuando nosotros también nos alejamos del pecado. Incluso cuando tomamos malas decisiones o cometemos errores, Dios nos sigue amando y recibiendo otra vez. Así que cuando tengas que tomar una decisión, piensa en lo que Jesús querría que hicieras. Obedece a tus padres, piensa antes de hablar, di palabras bonitas, muéstrate siempre dispuesto a compartir, sé amable y ama a otros. Estas son todas decisiones maravillosas que te ayudarán a tener dominio propio.

¡Cree!

IDEA CLAVE
Tengo el poder de controlarme por medio de Cristo.

VERSÍCULO CLAVE

Así podremos vivir en este mundo con justicia, piedad y dominio propio.

Tito 2.12

CAPÍTULO 25

SER

La pregunta clave: ¿Cómo manejo las dificultades y las luchas de la vida?

Hace mucho, mucho tiempo, los israelitas se enfrentaron a una de las épocas más difíciles que habían conocido nunca. Un siniestro día, sus enemigos entraron en la ciudad, los capturaron y se los llevaron muy, muy lejos de sus casas. No sabían si algún día regresarían a sus hogares. ¡Necesitaban esperanza! Así que clamaron a Dios. ¿Y sabes lo que Dios hizo? Él trajo esperanza a sus corazones.

Dios envió a Isaías, su mensajero, con algunas promesas maravillosas para los israelitas. Isaías les dijo que se aferraran a la esperanza: ¡Dios no se había olvidado de ellos! Así es como sucedió.

Isaías el profeta trae esperanza

Isaías 40

Una nación enemiga entró en Israel. El ejército rompió la muralla de la ciudad y quemó los edificios. Se llevaron cautivas a las personas de Israel a un lugar muy lejano. Los israelitas sufrieron durante mucho, mucho tiempo. Luego se quejaron a Dios.

«¿Dónde está nuestro Dios?», gritaban. Dios vio la miseria de los israelitas y envió palabras de consuelo y esperanza a través del profeta Isaías.

Isaías dijo: «No temas, Israel, porque has pagado por tus pecados. Has sido perdonado.

¡Grita al mundo las buenas nuevas! ¡Diles a todos que Dios viene!

Viene a gobernar el mundo con poder. Traerá con él al pueblo que ha rescatado. Él cuidará de su pueblo como un pastor cuida de las ovejas que ama.

¿Quién se compara a Dios?

Él lo conoce todo.

Él creó todo.

Él lo ve todo.

¡Alza tus ojos y mira a tu Creador! Por su fortaleza, no falta ninguno de ustedes. Él es tu Dios para siempre.

Espera en tu Dios y no te decepcionará.

Tu fortaleza será renovada.

¡Volarás como un águila!».

El salto hasta Jesús

¿Has visto cuántas promesas maravillosas les dio Dios a los israelitas? Cada promesa les trajo esperanza. Dios prometió cuidar de ellos como un pastor cuida de sus ovejas. Les dijo que los rescataría y los haría fuertes de nuevo. Les aseguró que si ponían en él su esperanza, no se decepcionarían. Y entonces, ¿qué crees que ocurrió? ¿Piensas que los israelitas regresaron después a sus hogares? ¡Sí, lo hicieron! Porque cuando Dios dice que algo ocurrirá, ocurre. Cuando Dios hace una promesa, la cumple.

Muchos, muchos años después, un anciano llamado Simeón estaba esperando para ver si una promesa que Dios había hecho se cumplía. Dios le había prometido a Simeón que un día vería a Jesús. Simeón realmente esperaba que sucediera. Y un día, ocurrió...

La historia de Simeón

Lucas 2.21-35

Cuando Jesús tenía ocho días de nacido, José y María lo llevaron al templo en Jerusalén. Querían cumplir la ley del Señor y presentarle a su primogénito, Jesús, a Dios. También llevaron un regalo para Dios con ellos. Le entregaron una ofrenda que consistía en dos palomas.

Un hombre llamado Simeón vivía en Jerusalén. El Espíritu Santo estaba con él. Simeón esperaba un día ver a Cristo el Señor. El Espíritu Santo le dijo que no moriría hasta que eso ocurriera. Una mañana, Simeón sintió que el Espíritu Santo lo impulsaba a ir al templo. Cuando llegó al templo, vio a José, María y el bebé Jesús. Él sostuvo a Jesús en sus brazos y alabó a Dios. «Señor, ahora puedes dejarme morir», dijo. «Lo que anhelaba ha ocurrido. He visto tu salvación».

Después Simeón les dijo a María y José
que Jesús había sido enviado por Dios. Jesús
iba a conocer los corazones de las personas.
Iba a salvar a muchas personas. María y José
se sorprendieron de las cosas que Simeón dijo
acerca de su hijo.

JESÚS, LA RESPUESTA

Estoy muy contento de que Simeón viera a Jesús. ¡Qué maravilloso que Dios cumpla su promesa! La historia de Simeón nos enseña que Dios no es solo alguien que hace promesas. ¡Él también cumple lo que promete! La promesa más maravillosa que Dios ha hecho fue enviar a Jesús al mundo. Jesús vino a fin de traernos esperanza, recordarnos que Dios nunca, nunca nos dejará, y enseñarnos que un día podremos vivir con él para siempre. Por tanto, ¿cómo puedes tratar las luchas y dificultades de la vida? Confía en Dios y en sus maravillosas promesas. Permite que Dios traiga esperanza a tu corazón. Nunca te decepcionará.

¡Cree!

IDEA CLAVE

Puedo lidiar con las dificultades de la vida debido a la esperanza que tengo en Jesucristo.

VERSÍCULO CLAVE

Tenemos como firme y segura ancla del alma una esperanza.

Hebreos 6.19

CAPÍTULO 26

Paciencia

SER

La pregunta clave: ¿Cómo me ayuda Dios a esperar?

¿Has estado alguna vez en una fila durante mucho tiempo, esperando tu turno para jugar con un juguete? No es divertido, ¿verdad? Puede ser difícil esperar. Sin embargo, cuando hacemos eso sin quejarnos, demostramos que tenemos algo que se llama paciencia. Cuando somos pacientes, podemos permanecer en calma. ¿Sabías que Dios es realmente bueno para ser paciente? Dios no se enoja rápidamente. Él es bueno para esperar. Y quiere que también nosotros seamos buenos para eso. No obstante, ¿cómo podemos lograrlo? Podemos aprender de personas en la Biblia, como David, que tuvo que ser muy paciente y esperar. ¿Recuerdas haber leído sobre el rey Saúl y que él quería matar a David? David escapó de Saúl, pero veamos lo que sucedió después, cuando el rey comenzó a perseguirlo.

La paciencia de David con el rey Saúl

1 Samuel 24.1-22

El rey Saúl fue el primer rey de Israel. Dios lo había elegido para gobernar al pueblo. Saúl era un rey fuerte y poderoso, pero estaba celoso de un joven llamado David. Él quería a David muerto, y pasó muchos años persiguiéndolo por todo el país. Un día, el rey Saúl y su ejército siguieron a David hasta el desierto. Cuando el rey vio una oscura cueva, entró para descansar.

¡David y sus hombres estaban escondidos en lo profundo de la misma cueva! Los hombres de David le dijeron que matara a Saúl mientras tenía la oportunidad, pero él les dijo: «Dios ha elegido a Saúl y lo ha ungido como rey. Seré paciente y esperaré a que él decida cuándo es el momento en que yo sea el rey. No lo mataré». En cambio, David fue a hurtadillas hasta el rey Saúl y cortó un pequeño pedazo del manto del rey sin que este se diera cuenta.

Cuando Saúl salió de la cueva, David lo siguió y lo llamó. Saúl se dio la vuelta y se sorprendió al ver a David. Entonces David se inclinó delante del rey.

David le dijo a Saúl: «Yo estaba en la cueva contigo, pero no me viste. Nunca quise hacerte daño, pero podría haberlo hecho. Me acerqué tanto a ti que pude cortar el extremo de tu manto».

El rey Saúl se dio cuenta de que David era un hombre de Dios. Lamentó haber intentado matarlo. El rey Saúl reconoció que David algún día llegaría a ser rey. Sabía que el reino de Israel llegaría a ser poderoso bajo el liderazgo de David.

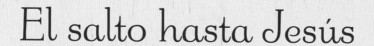

El salto hasta Jesús

¡Qué sabio fue David al esperar el tiempo de Dios! Si él se hubiera enojado, algo terrible podría haber sucedido. Pero en cambio, David fue paciente. No se enojó. Aunque vivió momentos muy estresantes, esperó para ver lo que Dios quería que él hiciera.

En el Nuevo Testamento, otra persona se enfrentó a una situación llena de estrés. Este hombre no había podido caminar durante mucho tiempo. ¡Y estuvo intentando mejorar durante treinta y ocho años! Eso es mucho tiempo de espera. Descubramos lo que sucedió cuando se encontró con Jesús.

Jesús sana a un hombre inválido

Juan 5.1-15

Jesús salió de Galilea a fin de ir a Jerusalén para una fiesta judía. Cuando entró en la ciudad por la Puerta de las Ovejas, vio a muchas personas discapacitadas. Algunos no podían ver, otros no podían caminar. Se sentaban cerca de un estanque llamado el estanque de Betesda, ya que pensaban que el agua podría hacerlos mejorar. Muchas personas creían que los ángeles removían el agua del estanque. También creían que el primero que llegara al estanque cuando el agua era removida sería sano.

Jesús vio a un hombre que no podía caminar. Él sabía que el hombre había estado inválido durante muchos, muchos años. Jesús miró al hombre y le preguntó: «¿Quieres ponerte bien?».

El hombre pensaba que Jesús estaba hablando de ser sano por el agua del estanque. Así que le contestó: «No tengo a nadie que me meta en el estanque mientras se agita el agua, y cuando trato de hacerlo, otro llega antes».

Jesús le dijo al hombre: «Recoge tu camilla y anda». El hombre hizo lo que Jesús le dijo. Inmediatamente, se puso de pie, recogió su camilla y empezó a caminar. ¡Estaba muy feliz! Le dijo a la gente que después de treinta y ocho años sin poder caminar, ¡ahora estaba sano! Sin embargo, cuando el hombre fue a buscar a Jesús, ya se había ido. Jesús tranquilamente se alejó entre la multitud.

JESÚS, LA RESPUESTA

Qué feliz debió haber estado el hombre cuando Jesús hizo que sus piernas mejoraran. ¡Apuesto a que corrió todo el camino hasta su casa! Al fin, su situación de estrés había terminado.

¿Y cómo te proporciona Dios la ayuda que tú necesitas para lidiar con el estrés? La próxima vez que estés enojado o triste, piensa en David o el hombre que no podía caminar. Piensa en lo pacientes que ellos fueron. Podrías intentar contar hasta cinco para ayudarte a estar calmado. Y mientras cuentas, piensa en Jesús y lo que él querría que hicieras. Si puedes ser paciente y calmado, incluso cuando las cosas van mal, todos los que están cerca de ti lo notarán. Y no solo te estarás ayudando a ti mismo, también estarás ayudando a otros.

¡Cree!

IDEA CLAVE

No me enojo rápidamente, y soy paciente incluso cuando las cosas van mal.

VERSÍCULO CLAVE

El que es paciente muestra gran discernimiento.

Proverbios 14.29

CAPÍTULO 27

Bondad

SER

La pregunta clave: ¿Qué significa hacer lo correcto en mis relaciones?

Si pudieras observar el gran corazón de Dios, ¿sabes lo que verías? Verías un maravilloso corazón que es amable y bueno. Dios quiere que nuestros corazones sean como el suyo. Siempre que escogemos ser amables, hacemos lo correcto.

La Biblia está llena de historias sobre personas que escogieron ser amables. ¿Recuerdas a Jonatán, el mejor amigo de David? Cuando Jonatán murió, David pensó en la promesa que le había hecho a su amigo mientras eran jóvenes. Él había prometido ser amable con la familia de Jonatán. Veamos si David cumplió su promesa.

David le muestra bondad al hijo de Jonatán

2 Samuel 9.1-12

Después que muriera Saúl, David se convirtió en el rey de Israel. Él era un rey bueno. Quería lo mejor para su pueblo. Un día, David preguntó si alguien en la familia de Saúl seguía vivo. Él y el hijo del rey Saúl, Jonatán, habían sido amigos leales. Así que David quería honrar esa amistad mostrándole bondad a la familia de Jonatán.

Uno de los sirvientes de la familia le dijo a David que el hijo de Jonatán, Mefiboset, seguía con vida. El sirviente le informó dónde vivía, y también le explicó que Mefiboset estaba tullido de ambos pies. Debido a eso, le costaba mucho caminar o trabajar.

Cuando el rey David se encontró con Mefiboset, este le dijo al rey que lo serviría de cualquier manera que pudiera. David le dio todas las tierras y todo el dinero que antes poseía el rey Saúl. También le dio sirvientes para que se ocuparan de las tierras. David siempre se aseguró de que la familia y los sirvientes de Mefiboset tuvieran todo lo que necesitaran.

El salto hasta Jesús

David no olvidó la promesa que le había hecho a Jonatán. ¡Qué amable fue al ocuparse de Mefiboset y ser tan generoso con él! Cuando Jesús vino a la tierra, con frecuencia habló sobre ser amables. Le enseñó a la gente a considerar con atención de qué modo tratamos a los demás. Él quería que todos encontraran maneras de ser amables y buenos.

Un día, Jesús fue a comer a casa de un líder religioso muy importante. Muchas otras personas influyentes estaban allí también. Jesús les contó una historia sobre qué hacer en una cena de bodas. Dijo que si realmente querían ser amables, deberían invitar a otras personas además de a sus amigos. ¿A quién *crees* que Jesús quería que invitaran? Descubramos si tienes razón...

Nuevo Testamento

Jesús habla sobre la bondad
Lucas 14.1-14

Jesús fue a comer a la casa de un fariseo en el día de reposo. Todos allí conocían que la regla de Dios es que nadie debería trabajar el día de reposo. Los fariseos observaban a Jesús de cerca, pues querían atraparlo haciendo algo equivocado.

Jesús se dio cuenta de que había un hombre enfermo en esa cena. Él les preguntó a los fariseos: «¿Está permitido o no sanar a un enfermo en día de reposo?». Sin embargo, ellos no respondieron. Cuando Jesús sanó al hombre, los fariseos se enfurecieron con él. Entonces Jesús les volvió a preguntar a los fariseos: «Si uno de ustedes tiene un hijo o un buey y se le cae en un pozo el día de reposo, ¿no lo saca en seguida?». Una vez más, no le respondieron.

Jesús vio que muchos de los invitados se apresuraban hacia la mesa para conseguir los mejores asientos. Así que les contó una historia. «Un hombre fue invitado a una boda. Cuando el hombre llegó, ocupó el mejor asiento en la mesa. Más adelante, el anfitrión le pidió al hombre que se cambiara a un asiento menor para que otra persona más importante pudiera ocupar su puesto. El hombre se sintió avergonzado. No sean como ese hombre egoísta. En cambio, sean como el que llega a la boda y se sienta en el lugar de menos importancia. Entonces el novio se acercará y le dirá que pase a un asiento mucho mejor, y todos notarán que ha sido honrado. Las personas que piensan que son importantes serán humilladas. Las personas que no se comportan como si fueran importantes serán elevadas».

Luego Jesús le dio algunos consejos al anfitrión de la cena. «No invites a tu familia, tus amigos o cualquiera que sea rico a cenar. Ellos te pagarán a cambio con otra cena. Más bien, invita a cenar a los pobres, los ciegos y los discapacitados. Ellos no podrán pagarte, pero Dios verá tu bondad y te recompensará».

JESÚS,
LA RESPUESTA

¿Acertaste la respuesta correcta? Jesús quería que aquellas personas invitaran a los pobres a la gran cena. Quería que incluyeran a personas ciegas, hambrientas y que no pudieran ocuparse de sí mismas. Jesús nos enseña que ser amables con todos es lo correcto que debemos hacer.

No siempre es fácil hacer lo que Jesús pide, pero a medida que creces, intenta ser amable con todo aquel que te encuentres. Quizá si ves a alguien jugando solo mientras tú juegas con tus amigos, podrías invitarlo a jugar con ustedes. Siempre busca maneras de ser amable y bueno. Cuando tu corazón esté lleno de amabilidad y bondad, tendrás un corazón como el de Dios.

¡Cree!

IDEA CLAVE
Escojo ser amable y bueno en mis relaciones con los demás.

VERSÍCULO CLAVE
Esfuércense siempre por hacer el bien, no sólo entre ustedes sino a todos.

1 Tesalonicenses 5.15

CAPÍTULO 28

Fidelidad

SER

La pregunta clave:
¿Por qué resulta tan importante ser leal y comprometido con Dios y los demás?

¿Eres un buen amigo? Todo el mundo necesita buenos amigos. Se puede confiar en los buenos amigos, ya que ellos no te decepcionarán. Se mantendrán a tu lado y cumplirán sus promesas. En otras palabras, son leales y comprometidos contigo. Son fieles. ¿No crees que así es Dios? En Dios se puede confiar. Dios no te decepcionará. Dios se mantendrá a tu lado, y siempre cumple sus promesas. Nuestro Dios es un Dios fiel. La Biblia nos dice que la fidelidad de Dios es tan grande que no se puede medir. ¡Alcanza hasta los cielos! La fidelidad de Dios es como una cálida manta que nos rodea y nunca nos deja. Y debido a que Dios es fiel con nosotros, desea que nosotros también seamos fieles con él y los demás.

Cerca del comienzo de la historia de Dios en la Biblia, oímos sobre el biznieto de Abraham: José. Hay muchas historias acerca de José, primero cuando era un muchacho y después siendo ya un hombre. No obstante, sin importar la historia que leamos, vemos que José es un maravilloso ejemplo de alguien que fue fiel a Dios, al igual que Dios le fue fiel a él.

Antiguo Testamento

Dios y José: fieles el uno al otro

Génesis 37—45

José era el hijo favorito de Jacob, así que su padre le dio un hermoso manto para que se lo pusiera. Era un manto hecho de diferentes colores. Los hermanos de José estaban celosos de su manto especial. Se sentían molestos porque José era el favorito de su papá. Y se enojaron porque José siempre estaba presumiendo.

«Vamos a librarnos de él», se decían los hermanos unos a otros. Así que un día cuando estaban todos en los campos cuidando a las ovejas, agarraron a José y lo lanzaron a un pozo. Después lo vendieron a unos mercaderes como esclavo. Cuando los hermanos regresaron a casa, le mintieron a su padre y le dijeron. «A José se lo han comido los animales salvajes». El corazón de Jacob quedó roto, porque pensó que su hijo estaba muerto.

Sin embargo, Dios estaba con José. Incluso cuando era un esclavo, su amo lo trataba bien. Más adelante la esposa del amo mintió sobre José, así que lo encerraron en la cárcel.

Una vez más, Dios estuvo con él. José le cayó bien al carcelero, y lo pusieron a cargo de los prisioneros. Una noche, dos prisioneros tuvieron malos sueños. Con la ayuda de Dios, José les explicó los sueños. Poco después de eso, el propio faraón, el rey de Egipto, tuvo un mal sueño. Él dijo: «Traigan ante mí a José para que explique mi sueño».

José le dijo al faraón: «Con la ayuda de Dios le diré el significado de su sueño. Su sueño es una advertencia. Habrá siete años de buenos tiempos y siete años de muy malos tiempos».

El faraón vio que Dios estaba con José y que él era muy sabio. Por lo tanto, el faraón puso a José a cargo de toda la tierra y todo el alimento en Egipto. Durante los años buenos, José guardó muchos alimentos para que cuando llegaran los malos tiempos hubiera suficiente a fin de evitar que las personas tuvieran hambre.

Muy lejos, en Canaán, no había nada de alimento guardado, así que los hermanos de José tenían hambre. Cuando fueron a Egipto para obtener ayuda, se encontraron con su hermano perdido durante tanto tiempo. Ellos no sabían que se trataba de él, porque ya era adulto, pero José los reconoció y les explicó quién era.

Los hermanos recordaron aquello tan terrible que le habían hecho a José cuando era un muchacho. Les temblaban las piernas, por miedo a que José les hiciera daño. Pero él les dijo: «Los perdono. Sé que era el plan de Dios que yo viniera aquí para evitar que todas las personas tuvieran hambre. Estoy contento de tener otra vez a mi familia».

El salto hasta Jesús

¡Qué vida tan difícil tuvo José! Sin embargo, ¿notaste cómo se mantuvo fiel a Dios y cómo Dios lo cuidó fielmente? Debido a que José nunca dejó de confiar en Dios, pudo salvar a sus hermanos y toda la nación de Israel para que no murieran de hambre. La fidelidad de José produjo cosas buenas: bendiciones.

En el Nuevo Testamento, Dios llamó a una muchacha llamada María a tener fe y hacer algo muy especial. Él sabía que ella podía ser una bendición para el mundo entero.

La visita del ángel
Lucas 1.26-38

Cuando casi era tiempo para que Jesús viniera a la tierra, Dios envió al ángel Gabriel a la ciudad de Nazaret para hablar con una muchacha llamada María. María estaba comprometida con José, que era un pariente del rey David.

—¡Paz sea contigo, María! El Señor está contigo y te ha bendecido mucho —le dijo Gabriel.

María se sintió sorprendida y temerosa. Gabriel la tranquilizó:

—No temas, María. Dios piensa que eres muy especial.

María se preguntaba que significarían las palabras del ángel.

—Vas a tener un bebé. Será un niño, y le pondrás por nombre Jesús. Él será llamado el Hijo del Dios Altísimo, y su reino permanecerá para siempre —le explicó el ángel.

María no pudo evitar preguntarse: ¿cómo puede suceder eso? Aún no estoy casada.

—El Espíritu Santo vendrá a ti, y el poder de Dios descansará sobre ti. Por esa razón el niño será llamado Hijo de Dios —le dijo Gabriel.

Confiando en Dios, María respondió:

—Yo soy la sierva fiel del Señor. Creo que lo que has dicho sucederá.

JESÚS, LA RESPUESTA

¿Viste lo fiel que fue María cuando el ángel le dijo que ella iba a ser la madre del Hijo de Dios? María dijo: yo soy la sierva del Señor. Que suceda. Estoy seguro de que el corazón de Dios se llenó de alegría cuando escuchó esas palabras. Qué maravillosa bendición para María. Debido a su fidelidad, Jesús, el Rey del mundo entero, nació.

Dios aún sigue llamando a sus hijos. Creo que te está llamando a ti. Dios te pregunta: ¿serás fiel, como yo te soy fiel a ti? ¿Puedes ser leal y comprometido conmigo y los demás? Creo que tú puedes. Y cuando digas sí, serás parte del maravilloso plan de Dios para el mundo, al igual que lo fue María.

¡Cree!

IDEA CLAVE

Se puede confiar en mí porque cumplo mis promesas a Dios y los demás.

VERSÍCULO CLAVE

Tu amor, Señor, llega hasta los cielos; tu fidelidad alcanza las nubes.

Salmos 36.5

CAPÍTULO 29

Amabilidad

SER

La pregunta clave:
¿Cómo demuestro amabilidad y consideración hacia los demás?

¿Eres considerado con los demás? Si quisieras jugar al fútbol, pero tu amigo quiere ir a los columpios y charlar, ¿harías lo que él desea? Si lo hicieras, eso sería muy considerado y tierno de tu parte. Cuando somos amables con los demás, cuando pensamos en sus sentimientos y lo que ellos quieren, Dios se agrada. Ser fieles y considerados con las personas demuestra lo mucho que las amamos. Un día, David se encontró con dos personas llamadas Nabal y Abigaíl. Cuando leas lo que sucedió en esta historia, intenta recordar todas las diferentes maneras en que Abigaíl fue amable.

Abigaíl es amable con David

1 Samuel 25

Cuando Saúl era rey de Israel, Nabal y su esposa, Abigaíl, poseían una propiedad muy extensa en el campo en Maón. Nabal era un hombre rico. Tenía miles de ovejas y cabras. Sin embargo, Nabal era rudo y desconsiderado con sus sirvientes y su esposa, Abigaíl.

Mientras huía del rey Saúl, David y sus hombres viajaron hasta Maón. David vio a los pastores y las ovejas de Nabal en las colinas. Y se aseguró de que los pastores y sus animales estuvieran a salvo de las fieras salvajes y hambrientas, así como de los ladrones.

Cuando llegó el tiempo para que Nabal esquilara a las ovejas, David envió a diez hombres a hablar con él y a pedirle ayuda. Los hombres le contaron a Nabal de la bondad de David con sus pastores. Luego le pidieron alimento y agua para los hombres de David.

Nabal dijo: «¿Quién es ese David? Hay todo tipo de sirvientes huyendo en estos tiempos. ¿Por qué iba a darles alimentos a esos hombres de quién sabe dónde?».

Así que Nabal se negó a ayudarlos. Los hombres se fueron con las manos vacías y regresaron a donde estaba David. David se enojó mucho cuando oyó cómo se había comportado Nabal y convocó a su ejército. Iban a matar a Nabal y todos sus hombres.

Abigaíl escuchó que su esposo les había gritado a los hombres de David y los había enviado de regreso. Ella con rapidez y en silencio buscó alimentos para las tropas de David. Reunió pan, tortas de uvas pasas, grano tostado e higos. Tomó cinco ovejas que estaban preparadas para cocinarse y algunas botellas de vino, y lo cargó todo en burros. Entonces salió para encontrarse con David. No le dijo a Nabal lo que estaba haciendo. Le dejó en la casa comiendo y bebiendo con sus amigos.

Abigaíl se inclinó delante de David y le pidió que fuera bondadoso. Le ofreció los alimentos que había llevado con ella. Entonces le dijo a David: «Por favor, escúchame. No te molestes con Nabal. Él es un hombre malvado y necio. Algún día Dios te hará rey. No querrás ser acusado de matar a hombres inocentes porque mi esposo fue un necio».

David aceptó el regalo de Abigaíl y su sabiduría. Luego le dijo que regresara a su casa en paz. David alabó a Dios por el consejo de Abigaíl.

El salto hasta Jesús

¿Notaste lo bondadosa y buena que fue Abigaíl con David? A Dios le encanta cuando somos amables con los demás. Y la mejor persona para enseñarnos sobre cómo mostrarles amabilidad a otros es Jesús.

Uno de los discípulos de Jesús se llamaba Pedro. Cuando se llevaron a Jesús para ponerlo en la cruz, Pedro huyó y lo abandonó. Pedro decepcionó a Jesús. Sin embargo, una vez que Jesús regresó a la vida, fue a hablar con Pedro. ¿Crees que él estaba enojado con Pedro o fue amable? Vamos a descubrirlo.

Jesús cuestiona amablemente a Pedro

Juan 21

Jesús murió y regresó a la vida. Luego pasó un tiempo con sus discípulos antes de regresar a los cielos. Una tarde, algunos de los discípulos decidieron salir a pescar. Estuvieron pescando toda la noche sin conseguir nada.

Cuando salió el sol, alguien gritó desde la playa:

—¿Pescaron algo?

—Nada —dijeron ellos.

—Prueben a lanzar la red al otro lado de la barca —gritó el extraño.

Cuando lo hicieron, la red se llenó de tantos peces que apenas podían arrastrarla y meterla en la barca.

De repente, Juan se dio cuenta de quién estaba en la playa, y gritó. «¡Es Jesús!». Entonces Pedro saltó al mar y nadó hasta la costa. Los otros lo siguieron en la barca. Cuando todos se reunieron en la playa, Jesús compartió con ellos el desayuno.

Una vez que terminaron de desayunar, Jesús se volvió hacia Pedro y le preguntó:

—Pedro, ¿me amas?

—Sí. Sabes que te amo —contestó Pedro.

—Entonces alimenta a mis corderos —dijo Jesús.

De nuevo le preguntó a Pedro:

—¿De verdad me amas?

—Sí, Señor —dijo Pedro—. Tú sabes que te amo.

—Entonces ocúpate de mis ovejas —dijo Jesús.

Por tercera vez, Jesús le preguntó:

—Pedro, ¿me amas?

Pedro se sintió mal porque Jesús le había hecho esa pregunta tres veces.

—Señor, tú lo sabes todo; debes saber que te amo —respondió tristemente.

—Entonces alimenta mis ovejas —dijo Jesús.

JESÚS,
LA RESPUESTA

¿Imaginaste que Jesús sería amable con Pedro? Jesús estaba calmado y fue considerado con él. Después de aquel día, Pedro pasó cada momento de su vida siendo un maravilloso discípulo de Jesús. Por lo tanto, ¿cómo puedes ser tú amable y considerado con los demás? Haz lo que hizo Jesús. Sé amable con las palabras que digas y el tipo de cosas que hagas. Piensa siempre en los demás. Si puedes hacer eso, serás también un maravilloso discípulo de Jesús.

¡Cree!

IDEA CLAVE
Soy amable, considerado y apacible en mis tratos con los demás.

VERSÍCULO CLAVE
Que su amabilidad sea evidente a todos.

Filipenses 4.5

CAPÍTULO 30

Humildad

SER

La pregunta clave: ¿Qué significa valorar a otros antes que a mí mismo?

¿Has conocido alguna vez a alguien que pensaba que era mejor que todos los demás? Quizá hayas oído a alguien presumir de lo bueno que es. Las personas así se sienten muy *orgullosas* de sí mismas. Ellas piensan que son maravillosas, pero Dios no quiere que seamos orgullosos. Dios desea que seamos *humildes*. Las personas humildes no piensan que son mejores que los demás. No presumen, ni consideran que son más inteligentes que sus amigos. En realidad, las personas humildes piensan mejor de otros que de sí mismas. *Valoran* más a los demás. Una actitud humilde agrada a Dios.

Hace mucho tiempo, el rey Nabucodonosor gobernaba sobre el país más grande del mundo. Eso lo hacía sentirse muy orgulloso, y se creía maravilloso. Descubramos cómo Dios lo transformó a fin de que dejara de ser un rey orgulloso y fuera alguien humilde.

Dios humilla a un rey orgulloso

Daniel 4.1-37

El rey Nabucodonosor gobernaba sobre el país más grande del mundo. Era un hombre orgulloso, y creía que todo su poder y su éxito se debían a su propio trabajo. Una noche, tuvo un mal sueño. En su sueño, vio un árbol grande y fuerte que llegaba hasta el cielo. El árbol tenía hermosas hojas y muchos frutos. Los animales dormían bajo su sombra y las aves hacían nidos en sus ramas. El árbol podía verse desde cualquier lugar. Entonces llegó un mensajero del cielo y dijo: «Corten ese árbol. Que los animales se alejen y las aves se vayan volando. Dejen el tronco y las raíces en el campo. El rey Nabucodonosor ya no pensará como un hombre. Durante siete años pensará y vivirá como un animal. Así todos sabrán que todo poder pertenece a Dios. El Altísimo es Rey».

El rey Nabucodonosor convocó a sus consejeros y les preguntó qué significaba el sueño. Nadie lo sabía. De modo que le preguntaron a Daniel.

Dios ayudó a Daniel a entender el sueño. Daniel le dijo al rey. «El sueño se trata de ti. El árbol alto que fue cortado significa que perderás tu poder. Comerás y te comportarás como un animal durante siete años. Dios quiere que sepas que el único poder real es otorgado por medio de él. El tronco y las raíces que quedaron significan que regresarás al poder y recuperarás tu reino. Sin embargo, antes debes ser humilde y saber que Dios es el Rey del cielo y de la tierra. El sueño es una advertencia. Debes cambiar. Debes dejar de ser malvado y ser bueno con los demás. Entonces quizá esto no sucederá».

El rey Nabucodonosor no escuchó la advertencia del sueño. Y un día, mientras el rey presumía de su poder, el sueño se hizo realidad. Durante siete años el rey se comportó y comió como un animal. Al final de los siete años, el rey levantó su vista al cielo. Anunció que había solamente un Dios verdadero. Cuando el rey Nabucodonosor alabó al Señor y honró el nombre de Dios, llegó a ser un mejor rey de lo que había sido antes.

El salto hasta Jesús

¿Puedes imaginar cómo se sintió el rey Nabucodonosor cuando vivió igual que un animal durante siete largos años? Debió haber sido terrible. Sin embargo, ¿viste lo que sucedió? Al final de ese tiempo, el rey cambió de ser orgulloso a ser humilde. ¿Sabías que Jesús era también un rey? No obstante, Jesús era muy diferente al rey Nabucodonosor. Jesús podría haber sido orgulloso por ser el Hijo de Dios. Podría fácilmente haber presumido. Pero nunca lo hizo. Jesús, el Rey del mundo entero, no nació en un palacio grande y brillante. Nació en un pequeño y humilde establo. Jesús, el hombre más importante que haya caminado jamás sobre la tierra, podría haber vivido en el más hermoso hogar, pero no tenía hogar alguno. Y en una de las historias más sorprendentes de la Biblia, Jesús hizo algo por sus discípulos que ninguna persona orgullosa habría hecho jamás.

Jesús se humilla delante de sus discípulos

Juan 13.1-17

Unos días antes de que Jesús muriera, él y sus discípulos cenaron juntos para celebrar la fiesta de la Pascua. Jesús sabía que su tiempo en la tierra casi había terminado, y quería que sus discípulos supieran lo mucho que los amaba. Antes de comenzar a comer, Jesús se levantó de la mesa, se colocó una toalla alrededor de la cintura y puso agua en un cubo. Entonces se arrodilló delante de Pedro y comenzó a lavar los sucios pies del discípulo. Pedro se sintió confundido, pues no entendía por qué Jesús se arrodillaba para hacer la humilde tarea de un sirviente.

—¡No! Tú no puedes lavarme los pies —dijo Pedro.

—Si no lo hago, no tienes parte conmigo —explicó Jesús.

—¡Ah, entonces lávame todo! —contestó Pedro.

—Solamente tus pies necesitan ser lavados —dijo Jesús mientras seguía con su tarea—. Mira, una persona que ya se ha bañado está limpia, pero sus pies se ensucian cuando anda por el camino.

Después que Jesús lavara los pies de todos los discípulos, volvió a sentarse a la mesa para cenar.

—¿Saben por qué hice eso? —les preguntó a sus discípulos—. Ustedes me llaman Señor, y eso es correcto, pero hoy les di algo para recordar. Un siervo no es más importante que su señor. ¿Ven cómo yo les he servido? Quiero que se sirvan unos a otros de la misma manera. Y si hacen estas cosas, serán bendecidos.

JESÚS,
LA RESPUESTA

¡De qué maravillosa manera Jesús les mostró a sus discípulos lo mucho que los amaba! Jesús, el Rey, estuvo dispuesto a convertirse en siervo y arrodillarse ante sus amigos para lavar sus sucios pies. Si Jesús pudo ser tan humilde y amoroso, ¿no crees que nosotros también deberíamos serlo? Aprendamos de Jesús. Sé humilde en todo lo que hagas. Ama a los demás. Valora a los otros más de lo que te valoras a ti mismo. Si puedes hacer estas cosas, igual que los discípulos hace tanto tiempo, tú también serás bendecido.

¡Cree!

IDEA CLAVE

Decido estimar a otros más que a mí mismo.

VERSÍCULO CLAVE

Con humildad consideren a los demás como superiores a ustedes mismos.

Filipenses 2.3

255

Acabas de terminar de leer algunas historias de la Biblia sobre personas reales que vivieron hace mucho, mucho tiempo. Ellas conocían al único Dios verdadero y fueron invitadas a ser parte de la maravillosa historia de amor de Dios. En tiempos de la Biblia, muchas personas creían en Dios y muchas otras no. Sin embargo, para todas ellas, la vida era un viaje.

En este momento, Jesús te invita a un viaje con él. Jesús te invita a *creer*: a creer en él, y a creer en sus palabras para ti en la Biblia. Cuando pienses en las historias que has leído, sé sincero con respecto a tus sentimientos. ¿Qué historias fueron difíciles de creer? ¿Qué cosas no entendiste? ¿Qué más quieres saber sobre Jesús? No tengas miedo a hacer esas preguntas. Habla sobre ellas con tus padres. Ora a Jesús. Pídele que te ayude a encontrar las respuestas. Tú eres su hijo precioso. Cuando hables con él, le susurrará la verdad a tu corazón.

Mientras más creas, más puede Jesús cambiarte desde adentro hacia fuera a fin de que te conviertas en la mejor persona que puedes ser. Mientras más creas en Jesús, más lleno estarás de amor, gozo, paz, paciencia, amabilidad, bondad, fidelidad, humildad y dominio propio. Y cuando tu vida esté llena de estas cosas, todos los que te rodean las verán.

A medida que creces, intenta *pensar* como Jesús. Intenta *actuar* como Jesús. Y él te ayudará cada día a *ser* como Jesús. No hay mejor manera de vivir.

Por lo tanto... ¡CREE!

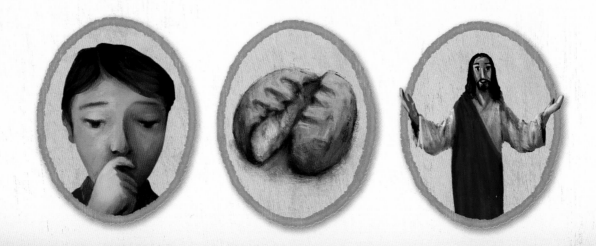